將本書獻給⋯

創世基金會的創辦人曹慶先生、全體員工、

志工及眾多默默捐款、捐發票的愛心天使。

本書版稅全數捐贈

財團法人創世社會福利基金會

作為幫助植物人之用

瘋子

成就了驚人之愛

創世基金會創辦人的故事

王建煊 著

曹序

全力以赴

今年（2012）三月裡，基金會辦公室同仁接到監察院院長王建煊先生電話，表示要來和我聊聊。

得悉當時，思索著要聊什麼呢？是不是像相關單位，不時持黑函來求證呢？

約好時間，大駕光臨，奉上茶後，他自口袋裡取出寫滿字跡的幾張紙，攤在面前，我隔桌相望，心想必是黑函，果然被我猜對了。但他一開口說明來意，全不是那麼回事。

他帶來近年頗暢銷的著作，一本一本的遞給我，並簡述內容，《點亮生命》、《牽手一生》、《幫助孩子邁向成功》、《在愛中的喜樂》、《公平正義何處尋？》等，文圖並茂都是聞名的天下文化公司出版，我剎那間想的，是來推銷書的。

他繼續說明來意，並不是來推銷書，而是他每年要寫一本益世的書，版稅全數捐贈慈善機構做公益之用。今年計劃寫些各社福社團服務的故事，各處一兩篇，彙集成書云云。他已在網路上錄下一些創世簡要資料，攤在他面前桌上，滿紙手寫字跡，是他整理出來的手稿，不是黑函。

他本來預計創世也只寫個一兩篇，二、三千字，但他手持鐵器跳下金瓜石礦場，愈挖愈深，縱橫敲打挖了大半年，不但挖創世，且旁及我所創的姊妹會華山、人安、星沙基金會，挖向老、

殘、窮、植物人家屬、胎兒、街友、單媽、老人、員工、義工、寒士、政令、規章，加上陳年檔案資料和照片，海角山邊所設的服務處所，上窮碧落下黃泉，他一面挖一面疾書，動作之俐落，不亞於老記者也，他看看稿子已積寸厚了，乃改變主意，擱置社團集錦式的構想而為專冊了。

王院長任事積極、果斷、正義，我憶及《資治通鑑》裡有同號人物，一時忘記章節，花了十多個小時，翻遍世界書局出版 16 大冊，終於在第四冊 1936 頁找到，司馬光稱譽王允「剛稜疾惡」。

王公希望專冊早日面世，但我建議在我上天堂後付梓，蓋生前一旦犯錯，將淪為負面文章，而王公則不然也，他說好事可激發更多好人出來多做好事，豈不蔚然成風。口述歷史，報導文學，於焉誕生。

最後我想和讀者諸君講幾句話，共勉之。

大同篇，出自孔仲尼夫子時代，已 2500 多年了。

自宏觀看法，美哉善哉也，但人類私心不去，懸的雲端，烏托邦也。

自微觀看法，社會福利主義，救救弱勢，倒可付諸施行也，華人社會，自廢除帝制，轉型民主後，大有可為，吾人應摒除障礙和遲凝，全力以赴。

創世基金會 創辦人 曹慶

2012 年 12 月 12 日

創世員工、志工、家屬的心聲

小姐、人妻、人母，我這樣過了一生；同時，每一春夏秋冬，也在和創世一起寫歷史。年少時總覺自己樣樣不足，現在，我變了！在創世，卻愈顯自己樣樣富足，且潛力十足。在我眼中，創辦人不是老人、友人，而是鐵人。

——郭慧明　創世基金會副秘書長

在創世服務 15 年，從創辦人身上我學到「路是走了才開、不是開了再走」，就是這樣的信念及堅持，同仁們跟隨創辦人不畏艱難的向前邁進，個人的潛能也得以啟航。

——李秀娟　創世基金會副秘書長

他是一位儉樸的老人，過著簡單的生活；他是社福的實踐家，看見最需要幫助的人，並適時的拉一把；他是創世的大家長、精神領袖，我們以他為榮。

——李月雲　創世基金會董事長辦公室副主任

施比受有福！幫助別人，收穫最多的是自己。

——田宿端　捐款人

記得第一天到創世，看到這麼多臥床的人，心裡感到不捨與震驚，我哭了一整天，沒想到世界上還有這麼一個地方；感謝曹慶董事長創辦了創世基金會，幫助許多弱勢植物人家庭，真的大大減輕我們經濟及體力上的負擔，轉眼弟弟入院已 13 年，在此特別感謝辛苦的護士跟生活服務員 24 小時輪流照顧。

——院民陳先生的姐姐

當醫生宣布孩子是植物人的時候，我腦筋一片空白，我想用枕頭將孩子悶死再自殺。但是我拿著枕頭發抖，下不了手。還好有創世基金會救了我們。

——一位植物人的母親

感謝創世讓臥床多年的母親可以得到照顧，減輕家裡經濟與照顧的沉重負擔，真的非常感謝。

——黃鼎盛　文山分院家屬

創世讓家屬能夠再次展露笑顏。

——倪家祥　桃園分院家屬

幸得董事長創辦植物人安養院，不然我的家庭一定會崩垮，孩子也無法正常長大成人，直到目前覓得不錯的工作，可以回饋社會。

——簡秀鳳　屏東分院家屬

創世不只幫助我把植物人先生照顧的更好，在精神上的鼓勵也是我堅持下去的力量，由於創世的存在，許多植物人的生日不斷增加，我相信，只要有創世，植物人也能活得幸福長久有尊嚴。

——蔣琴芬　高雄分會家屬

　　總而言之，我五個兒子都比不上一個問安義工。

——被問安中心服務的王奶奶

　　我也不清楚打來的誰是誰，一開始覺得很煩人啊！不認識說這麼多幹啥！但很奇怪呀，久而久之卻開始習慣每天下午的電話聲，沒響還會覺得少了甚麼似的。

——被問安中心服務的陳伯伯

　　因為破產，酗酒、離婚，成了街友，在創世幫助下，重燃希望，我現在正經營一個小生意，感恩。

——一位街友

　　我在創世的時間比在自己家裡的時間還多，創世是我的第二個家。

——倪蕊金　創世基金會資深志工

　　創世給我們老年人一個舞台，我在這裡找到自己的價值，我今年已 101 歲了，但仍樂此不疲。

——創世基金會資深志工

　　在創世當志工，心中十分富足，雖然現在我癌症在身，但我要一直當志工，直到我不能動為止。

——創世基金會資深志工

　　早期我對這個機構就很敬佩，尤其從董事長至各部門行政人員對案家的關懷。我隨著工作人員到案家，幫臥床者泡澡及協助護士處理傷口，一點也不馬虎，尤其對各界善心人士的捐款，一分一毫都管理的很嚴謹，所以我把創世志工當成我人生第二志業。

——李妍儀　高雄分會志工

　　做問安義工一開始認為是種付出，日子久了反倒覺得，這些我們服務的長輩帶給我們的，比我們帶給他們的多更多。

——陳娜絲　問安中心志工

　　有首詩歌：不管天有多黑，星星還在夜裡閃亮；不管夜有多長，黎明早已在那頭盼望。創世基金會就是那閃亮的星星，就是黑夜盡頭的黎明。

——本書作者　監察院院長王建煊

鑿山取玉，剖蚌求珠
——在瘋子身上找到玉和珠

　　我經常在想：「如果我是個低收入戶家庭，生活已夠艱苦的了，這時不幸家裡又有孩子撞車，成為植物人，我該怎麼辦？」真是呼天不應、呼地不靈。很多人遇到這種情況，想要與孩子一起自殺，有位媽媽說，她想用枕頭悶死孩子，自己再跳河自殺，但雙手拿著枕頭，一直發抖，下不了手。

救一個植物人，就是救了一個家庭

　　現在有個慈善機構「財團法人創世基金會」免費收容低收入戶家庭的植物人，照顧之好有如醫院一樣。這不僅是植物人獲救，更是一家人在大海裡獲得了救生圈，創世的精神口號是：「救一個植物人，就是救了一個家庭。」事實確是如此。

　　這個基金會現於台灣設有 16 處植物人安養院，照顧了近 600 位植物人，另外還派人去為居家植物人服務，約 1,500 餘人，照顧一個植物人，每月花費至少新台幣 5-7 萬多元，創世基金會給與免費照顧，真是不可思議。這是台灣唯一免費照顧植物人的慈善機構，連政府都相去甚遠，甚遠。

曹慶為什麼被稱為瘋子？

創世基金會的創辦人曹慶先生，是 1949 年隨政府隻身來台灣的流亡學生，靠著自己的努力，考上高考，有機會在台糖服務，由於自身遭遇過許多艱難困苦的經驗，一心想做慈善事業，提前退休後，刻意投入慈善事業，選擇了沒人做的植物人照顧工作。

當時曹慶是零人、零錢、零醫護技術，他戲稱這是「三零主義」。當時包括好友、家人、專家學者、慈善機構、政府機關、大企業，包括伊甸基金會創辦人劉俠女士，每次見到曹慶就警告他：「你千萬不能碰！」。

台灣廣捐輪椅的曹族宗長甚至告誡他：「你將身敗名裂，曹姓將蒙羞」。

沒有一個人看好他的這一偉大理想可以實現，好則勸退，大則嘲笑，大家稱他是不知天高地厚的瘋子，但是瘋子成功了，植物人及其家庭得救了。

在正式成立機構服務前，曹慶花了四年時間，沿著鐵路線的城市，一個個跑，廣徵民意尋求支持，在極簡陋的設備環境下，從收第一個植物人開始，到了現在的規模。曹慶後來又成立了三個基金會，照顧遊民、三失老人（失智、失依、失能）、單親媽媽、拯救胎兒，涵概的慈善面十分廣泛。

曹慶生活簡樸，睡在安養院樓上一個小房間裡，每星期回家一次，一次兩小時，全部時間都奉獻給了社會弱勢族群。他的穿著更是簡單，二手貨，內褲開襠成兩片照穿，他經常服務遊民，

大家常以為他也是遊民。

有次警察深夜到地下道吹哨驅趕遊民，遊民都跑了，只剩下曹慶，警察以為他是遊民，問他：「你為甚麼不跑？」曹慶亮出身分證明，表示是故意來此瞭解遊民生態，以便提供必要服務的。

三零主義是我們的好榜樣

我與幾位朋友創辦了四個慈善基金會，一個在美國，一個在中國大陸，兩個在台灣，經常遇到欠缺經費與人手問題，大家不知如何是好，我就以曹慶的「三零主義」來勉勵大家。

尤其在去年（2011），我們剛成立了「無子西瓜基金會」，專門服務無子女老人，協助他們解決晚年時無人照顧的憂慮，例如生病開刀誰簽字？逝世時誰安葬？等問題，我們要扮演無子女老人的好兒女。

台灣人口老化很快，這項服務有其迫切需要性，但是基金會同仁，包括我自己在內，也常為經費哪裡來？人哪裡找？尤其是人老時，記憶衰退，事講不清楚，還動不動會去告你，想起來也有點恐慌不安。

遇到這些憂慮時，我就以曹慶的例子來勉勵大家，曹慶可以成功，我們沒有理由不成功，況且我們開始時的各項資源比曹慶當年要好很多，有甚麼好膽怯的呢？

基金會接班人在哪裡？

一個基金會愈辦愈大，將來找誰接班呢？未找到能幹又有大

使命的接班人，基金會就可能每下愈況，這是許多慈善基金會創辦人都憂心的問題。曹慶現已是近九旬老人，自然有這方面的憂慮。

曹慶對此有很好的解決辦法，他找到已成立數百年，在世界極有聲譽的天主教耶穌會，將來基金會交給他們主導，方法是在董事會裡，讓耶穌會派出來的董事過半數，並有一位出任副董事長，將來移轉毫無困難。

我現在已是古稀老人，對基金會接班的人，當然也有同樣憂慮。但是曹慶的解決方法，讓我可以有樣學樣，憂慮就變成多餘了。

高度毅力的根源

曹慶常勉勵創世基金會同仁：

有路走，抬起頭，挺胸闊步走；沒有路，找路走；
找不到路，拿鋤頭開路走；沒有鋤頭開路，爬著走過去。

這四句話，不僅是創世基金會同仁艱苦奮鬥，克服困難的座右銘，它又何嘗不是我們大家邁向卓越的不二法門呢？

做別人的愛心天使

發自內心關懷別人的人，才會做出偉大的事，曹慶的事蹟正是如此。

　　值得做的事，不必一開始就要做到完美，創世照顧植物人的工作，開始時用一張撿來的櫥櫃充當床鋪，一只電鍋煮飯、炒菜、燒開水、還要兼做鼻胃管的消毒鍋，篳路藍縷，進住第一位植物人，這是完美前必經的不完美。

　　美國雷根總統曾說：「如果我們不做，誰去做？如果現在不做，更待何時？」曹慶創辦植物人安養院的大愛，應是雷根總統名言的實踐者。

　　我們常會想：「生命的價值究竟何在？究竟要做些甚麼事才有意義，讓自己一生無憾？」看看曹慶的故事吧！他時時都在想如何做別人的天使，但願我們都能成為別人的天使，死而無憾！

日落之前，勤耕社福

　　曹慶脖子上經常掛一個他所謂的狗牌，上書「日落之前，勤耕社福」，因年近九旬的曹慶自感餘日無多，必須加快步伐，多做社會大愛工作，掛著狗牌，時時提醒自己，真是鞠躬盡瘁死而後已。

　　筆者今年 74 歲，亦深有同感，曾經以「餘日無多」為文，表達自己要更努力的做更多愛心工作，同時也勉勵大家亦當如此，因為無論年紀多大，大家都餘日無多。

從本書找到自己的玉和珠

　　本書主要是經由採訪創世基金會創辦人曹慶、創世員工、志工、街友、老人、單親媽媽、植物人家屬及媒體資料編撰而成，

主要不在表揚曹慶的偉大，事實上，曹慶十分謙虛，在媒體鏡頭前，他總是躲在後面，以往曾有多家出版社要為曹慶寫傳記，都被曹慶婉謝。此次他仍一貫的要求在回天家時才出版，但在筆者的鼓勵及遊說下勉強同意。編寫本書之主要目的，是希望讀者從他身上能夠找到真正屬於自己的玉和珠，讓台灣成為愛心之島。

曹慶先生共創辦了四個社會福利基金會，分別是創世、華山、人安、星沙，名稱不同，服務項目涵蓋植物人、老人、街友、單親媽媽及拯救胎兒，範圍甚廣，其中以照顧植物人，最受社會重視與信賴，本書為撰寫方便，概以創世基金會為名，說明四個基金會的愛心事業。

有人建議各級學校教師及家長，不妨將本書列為補充教材，讓我們的年輕一代領悟人生應有使命感。

本書的完成要感謝創世曹慶董事長、副秘書長郭慧明、李秀娟、辦公室副主任李月雲及其他同仁的協助，更要感謝聯經出版公司發行人林載爵的鼓勵，主編林芳瑜的精心編輯，內人蘇法昭老師校閱文字，更要感謝的是包歸雁小姐，從文稿及照片整理到全部完成，均辛苦參與。

王建煊　序於士林外雙溪

2012 年 12 月 18 日

目　次

第 **5** 篇

信念與願景

附錄

第 1 篇

瘋子成就了驚人大愛！

瘋子逃難記（上）

　　曹慶要成立基金會，免費照顧低收入戶的植物人，被狗聽到都會笑死。

　　台灣有個「創世基金會」，是從事收容植物人的公益機構，現在院內直接收容的植物人約 600 多人，協助院外居家的植物人也有 1,500 多人，25 年來累積人數超過 4,800 餘人。

他隻手摘星，空手開山

　　照顧一個植物人，每月花費至少新台幣 5-7 萬多元（2012年），25 年前也要 3、4 萬元，政府補助約一成。低收入戶家有植物人，全家陷於愁雲慘霧，不知如何是好，創世基金會免費收容他們，真是見到了耶穌。

　　創世基金會的創辦人曹慶先生是台糖公司退休的一位職員，退休前他想做一件台灣還沒有人做的慈善事業，最後選定了沒人做的植物人照護。

　　他是三民主義的信徒，但是他的三民主義是「三零主義」，因為當時他是「零錢、零人、零醫護技術」，所以大家都認為他是「瘋子」。他想隻手飛天摘星星，空手開山。

● 國共內戰，不知未來，人民驚恐，能逃則逃，
逃至何處，人云亦云，擠上火車再說。1949
年政府撤遷台灣，是大逃亡的高潮。

但是這個瘋子，他成功了。成百上千的人，無數個苦海無邊的家庭，因為這個瘋子得享平安。

曹慶先生是安徽省安慶市望江縣人，哪年出生不詳，記得大概是 1927 年至 1930 年間生的，現在算起來已是 80 好幾的人了，身體雖尚稱健朗，但曾三次在醫院急救，有次心臟曾停止跳動，現在的命是從天堂撿回來的。

小康之家不堪回首

曹先生父母在家鄉開中藥店，算是小康之家，但歷經抗日及國共內戰，兒少時代的經歷也是九死一生，不堪回首。

國共內戰時，曹先生正在蘇州念中學，國軍大撤退，避開戰區，乃隨著政府由蘇州、上海、杭州、南昌、衡陽一路南下，逃到廣州。

沿途都乘火車，火車走走停停，經常途中停車，車一停，大家趕忙跳下車，辦兩件事，一件是大小便，一件是煮飯。

大小便男女有志一同，女性軍眷也顧不得面子，背著車廂，面朝外，褲子一拉就方便起來。

煮飯大家有用個奶粉罐，口邊打洞栓上一根鐵絲，提著就地生火，柴用鐵軌上朽壞風化成片的枕木，米則裝在一條褲子裡，將褲腳管紮起來，成為米袋，背在身上。

火車開啟時會鳴笛，笛聲一響，飯無論煮熟與否，一律拿

著跳上火車，繼續前進。

曹慶乘火車由杭州赴南昌段，站在燃煤火車頭鍋爐旁邊，順風時，煙向後吹，沒有影響，但車一停，煙霧迷漫，被嗆得透不過氣來。下雨時，冬天棉衣溼透，乃貼在火車鍋爐邊烘乾。

當時火車是運軍隊的，各節車廂均有士兵把守，一般人不得進入。所以多數人都坐在火車頂上，兩人一組互相扶持，一人睡覺另一人拉住他，以免掉下車，然後互換。當時有人在兩車輪間搭上網子，睡在上面，無人打擾，進出方便，故被稱為頭等艙。逃難時的種種，回憶起來，久久不能忘懷。

最怕抓兵

當時最怕的不是吃飯問題，而是怕被抓去當兵。有次在過橋時，士兵臨檢，其實就是抓兵。曹的一位同學身材高大，被選中抓走。當時國軍很亂，抓兵人數達一連人，負責人就當連長，人數夠一營人就當營長。

曹的同學因身材魁梧，被派擔任機槍手，扛機槍，上級來檢閱清點人數後，大家便可自由選擇是否要留下來當兵。曹的同學選擇離隊，所以三天就自由了，後來與曹先生相遇結伴南行。

這在當時國民黨部隊裡據說十分普遍，虛報兵員人數，吃空缺。例如上報兵員一萬人，實際只有七千人，另三千人的薪

水，就成為部隊的福利。國共內戰，國民黨部隊快速戰敗，這也是原因之一。

　　逃難群眾到達衡陽時，遇到白崇禧部隊，正在大抓兵，大家躲在火車上不敢下來。後來遇到車尾一節軍火車廂爆炸，火車立刻被拖走，他們乃逃過可能被抓兵的危險。

瘋子逃難記（下）

兩個囚犯向鐵窗外眺望，一個看到黃沙一片、另一個看到
滿天星斗。

包括曹慶在內的一些學生，最後逃到廣州，教育部設有
「南來學生接待所」，大家住在中山紀念堂，是幢很不錯的建
築，但沒有床、被，大家都和衣席地而眠。

慌亂中的南來學生接待所

廣州當時不用國幣而用港幣，每個學生每天發港幣三毛
錢及三把米，自己燒飯，沒有柴火了，乃將中山紀念堂裡很漂
亮的桌椅打碎當柴燒。利用消防栓水洗澡，女生天黑深夜洗澡
時，男生面向外圍成一個大圈掩護，畫面想必極為有趣。

後來教育部利用一間祠堂，建了一所「中山臨時中學」，
不管學歷高低一律進此中學，大學生甚至大學畢業的人，也在
此臨時中學就讀，大家稱這些學生是高四生，目的只是要有一
棲息之地，有碗飯可吃。

教室、寢室合而為一，地上鋪稻草，大家坐在棉被上聽
課，沒有黑板沒有書。這樣過了一段時間，大約 1949 年秋，

廣州不保，大家逃到澳門，當時教育部已遷台，通知大家去海南島，但要自己設法去。

於是大家逃到香港，再轉往海南島，逃亡人中有老師、眷屬、學生及其他的人，是一組織鬆散的群眾。

老師跪，學生躺著上課

到達海南島海口時，因無深水碼頭，大船不能靠岸，要用小船接駁，大小船之間並無上下梯子而是用一個網子，大家爬上網子再下到小船，大小船都在搖晃，十分危險，女生及膽小的人根本不敢上，必須靠人幫忙。

小船接近岸邊，遇大風浪，不能靠岸，又值夜晚，外面黑漆一片，大家驚慌失措，但此時船伕竟然溜走，天亮時才回來。

船靠岸後，借住在一間小學裡，大家在所謂的臨時學校裡上課，情況跟在廣州一樣，教室、寢室合用，學生或坐臥或斜躺在棉被上聽課，老師則跪在棉被上講課。

老師開玩笑的說：「古時教學，老師坐、學生跪；現代教學是學生坐、老師站；可是今天卻是老師跪、學生躺著上課。」

當時台灣教育部有匯款來，但時有時無，所以大家也就有一餐沒一餐的過日子。海南島人不擅打毛線衣，女同學有會打者，替人打毛衣賺點小錢，打一件毛背心要一天時間，1塊銀元，毛衣要兩天，2塊銀元，得款後相熟的人在一起可以打一

次牙祭。

共軍打到海南島

共軍在佔領海南島對面的雷州半島後，乃向海南島開砲，同學們跑去找白崇禧部隊，要求不當兵、不支薪，當伙伕，替官兵燒飯，條件是帶他們到台灣。條件談好了乃上山打柴、煮飯。白的部隊自香港租了一艘名為「繼光輪」的船，專門載運官兵赴台，但因容量不夠乃毀約不讓他們上船。

當時海南島榆林港內尚有兩艘船，一為「秋瑾輪」、一為「鐵橋輪」。「鐵橋輪」先行，只載官兵及眷屬，曹等乃搭小船，企圖混上大船，混了四、五次皆被查獲趕下來，最後他混上船，躲在船上救生艇下面未被發現，幸能來台。

當時蔣緯國將軍的裝甲部隊在海南島招兵，一群男同學在走投無路下，自願入伍當兵，條件是要帶他們的女同學一起到台灣，蔣先生同意了。其中現在有一位在創世基金會當義工，就是當時因這樣條件幸運來台的。

在榆林港最後離港的是「秋瑾輪」，情況淒慘。當時共軍已經逼近港口，軍方留部分士兵作戰，掩護撤退，但船艙容量不夠，因此棄守軍不顧而逕行開船，正在作戰的軍士們發現船開了，就對船開槍，雙方打起來，最後結果不想可知，留守的那些官兵都成為俘虜。戰爭時期，有些事又該怎麼說呢？

● 國共內戰，造成人民流離失所，這是歷史悲劇。國共曾經和談，但終仍破裂。圖為當年美國駐華大使赫爾立與蔣介石、毛澤東於重慶會談之合影。當年這兩位國、共領導人，現都已歸土，他們安息了，但國家分裂仍在，歷史傷痛對某些人來說，也只有等待歸土後才能了結。

● 大陸變色，蔣公心中的痛，恐怕比誰都強烈，無語問蒼天。圖為先總統 蔣公暫時安息的地方，慈湖陵寢。

大難不死，必有大用

甘地：「生由死而來，一粒麥子為了萌芽，它的種子必須先死才行。」

曹慶及一些同學幸運的搭上「鐵橋輪」航行四天，安抵高雄。但這四天備極辛苦，沒有吃的，更苦的是沒水喝，大家在船員煮飯的蒸氣鍋洩氣處，用碟子接幾滴水，舔一舔。

遊民收容所及專修班

在他饑渴難耐時，有位好心人給他一把生花生米，雖然只有十幾粒，但他終身難忘。到達高雄港時，大家一晃一晃的上岸，孫立人部隊用軍鍋煮了幾十鍋熱騰騰的稀飯給他們吃，但因太燙無人去吃，乃將碼頭上供水栓打開，大家邊喝水邊洗澡。

因無入境證，有些學生後來被保安司令部帶到高雄遊民收容所，當時幾乎各縣市都有遊民收容所，目的不在收容遊民，而是抓逃兵。

不久教育部開始介入，將他們帶到台北，參加由曾任國民黨台灣省黨部主委的上官業佑先生，在圓山辦的青年服務團的

專科程度專修班，該班共有地政、財務及教育行政三個班。大學生參加一年制班，高中生參加二年制班，曹慶參加二年制教育行政班。

後該班併入行政專校，再陸續改制為法商學院、中興大學，現稱為台北大學，曹慶曾赴法商學院補修學分，取得大學畢業文憑。

在專修班讀書，學費食宿等全部免費，每月還發 30 元零用錢，在當時財政艱困情況下，算是很厚道的待遇了。

曹慶十分用功，當時圖書館甚少，只有新公園內的博物館有圖書室，乃向老師借了 5 塊錢辦了張借書證，因借書多，借書證換了十幾張。

是營養不良，不是生病

當時因為營養很差，曹慶視力受損，坐在第一排仍要求老師黑板字寫大一點。自己記筆記用毛筆，字也寫得很大，否則自己也看不清楚。

其實只要多吃一點豬肝或魚肝油就會好，但沒有錢。

在青年服務團有位女醫師跟曹慶說：「我有半瓶魚肝油，但不能給你。」

曹慶回說：「那講了有甚麼用？」

女醫師說：「我可以用一些魚肝油，讓你點眼睛。」

說也奇怪，沒點幾次，曹慶的眼睛就明亮了。

從前筆者有位同學也是流亡學生，他曾對我說：「一同來台的流亡學生中，很多人都有夜盲症，視力模糊，去看眼科醫生，醫生都說：『看我沒多大用，餐食豐富一點就會好的』。」

人在營養不良時，會體弱多病，有些國家貧民窟裡的婦女，生產後孩子非但骨瘦如柴，母親亦無奶水餵嬰兒，原因都是因為營養不良。現在社會富有了，這些現象當然大量減少，但仍有不少人因為飲食不均衡，以致缺少某些營養而病痛纏身。

一生最安定的時候

曹慶專修班畢業，接受預備軍官召集後，考上高考。高考及格證書十分有用，他得以憑著證書在南投北斗高中教書，三年後又憑證書進入台糖公司。

當年台灣經濟十分落後，國家出口只有蔗糖及香蕉。所以在台糖工作是人人羨慕的，當時教書月薪 270 元，台糖卻有 700 元。這時是曹慶一生最安定的時候，並在此時結婚，育有二女。

但曹慶心中念念不忘的仍然是他未來的慈善工作，所以當年資滿 25 年時立即辦理退休，開始他第二春的慈善事業，服務社會上最弱勢的人。

　　最後選擇從事照顧植物人，一晃又是 26 年，受助者成百
上千，成為世人敬仰的社會服務工作者。回顧曹慶年輕時九死
一生的苦難，及現今在愛心工作上的光芒，真是「大難不死，
必有大用」。

● 2012 年在中正紀念舉辦街友尾牙，共兩萬人參加，
　其他縣市有一萬人，在全台設有 16 個平安站照顧街
　友，規模也是全台最大的。

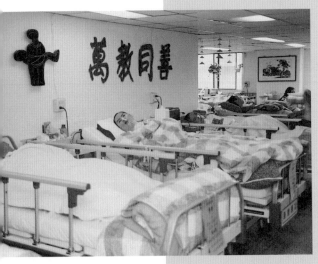

● 台灣免費安養低及中低收入身分植物人最大
  的慈善機構。

● 在全台各鄉鎮區所設愛心天使站已近 300
  間，照顧失能失智失依的三失老人，規模也
  是全台最大。

助其生或助其死？

真正的愛，不是只愛某一個人或某項東西，它應該像陽光一樣無所不燃。

曹慶年少日子都是在中日戰爭及國共內戰的打打殺殺十分厭惡中度過，心中始終有個願望，將來一定要做些有益人類的慈善事業，這個想法好像是一粒種籽，在他心裡生根發芽。

要做雪中送炭，別人未做的慈善事業

因此在未退休時，就一直策劃如何做公益，首先要決定的是，將來究竟要做哪種慈善工作。

他經常禱告後，在一張紙上把各種慈善工作都名列出來，試圖找到一種尚沒人做的來做，他不想錦上添花，要真正雪中送炭。

植物人安樂死好嗎？

找來找去，幫助植物人似乎沒人做，因此選定以幫助植物人為對象。如何幫助植物人脫離苦海呢？方法有二，一是助其生、二是助其死。

助其生，單薄的小市民曹慶絕無此能力；助其死，使其早日安息，植物人及家屬都得解脫，似乎是最容易也最徹底的方法，因此乃朝植物人安樂死方向進行。曹慶為此向神禱告是否可行，神說你試試無妨。

關於安樂死，當時台灣社會曾有熱烈討論，但都沒有結論。鼓吹安樂死並不容易，必須改變社會觀念，最後才能立法，這要花很長的時間，似乎也不是小市民曹慶所能為，但助其死總比助其生來得容易。

鼓吹安樂死要會寫文章、會演講，才能形成運動。因此他想像自己能否像國父孫中山先生一樣，遊走海內外鼓吹革命到處演講。顯然不可能，無此能耐；即使演講，鄉音太重，也沒人聽得懂。因此只有用文字方式來鼓吹安樂死。

為提升寫作能力，曹慶在黑板上寫了「拓視野、操筆力」六個大字作為勉勵。寫文章要先看書，安樂死涉及醫療、法律、宗教、社會、家屬等多面向，肚子沒有貨，筆力再好也寫不出打動人心的好文章。

為鼓吹安樂死，曹慶成了小王雲五

為此乃天天讀書，早起一點，晚睡一點，每天讀 8 萬字，如此看書努力了 7、8 年，似乎懂得很多了，別人稱他是「小王雲五」。王雲五先生未受過甚麼正規教育，靠苦修成為才高

‧傾向安樂死合法化的人，認為讓植物人結束生命，反
　而是一種勞苦重擔的安息，創世基金會曾多次舉辦
　「安樂死應否合法化」座談會（本圖主持人為著名社
　會學家蕭新煌博士）。

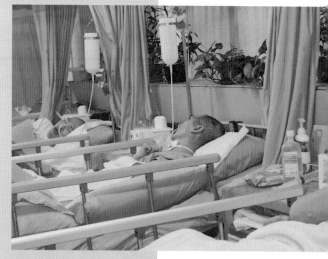

‧創世植物人安養院免費照顧低及中低收入身
　分植物人。

八斗的飽學之士，曾任行政院副院長、大學教授，許多博士都是他的門生。曹慶被稱為小王雲五，表示肚子裡開始有墨水了。

可是，曹慶說：「書讀了很多，似乎不那麼管用，腦子裡始終是亂亂的，理不出頭緒，自己腦袋只是放書的垃圾桶。」

當時，曾任教育部長的張其昀先生在《中央日報》副刊有篇文章〈我的思維〉，曹慶乃用張的方法來整理自己的思緒。其後又讀《胡適全集》，想學胡適的清楚頭腦。又讀梁啟超的文章，學其筆力，當時將梁的《飲冰室全集》拆成小冊子，帶在身上隨時閱讀，因為梁的文筆撼動力強，清末民初讀書人沒有不讀梁的文章的。

最後鎖定寫方塊形小文章來鼓吹安樂死，因此乃拿自己寫的方塊文章與媒體上的文章比較，確定一下自己文筆的水平，自覺差不了太多。

可是有知名學者告訴他：「鼓吹一項類似安樂死的運動，最少要 200 位教授級的高知識分子，花 20 年時間，才可能有成功的機會。」

對曹慶來說，這是忠告也是壓力，他自問：「難道就此放棄嗎？」

大眾不同意安樂死

這時曹慶突然想到:「應該先來作民意調查看看社會反應,究竟贊不贊成安樂死?」結果大大出乎曹慶的意料,有 95% 的人反對安樂死,贊成的只有 3%。

曹慶不免懷疑:「是不是我的問卷設計有問題呢?」乃找了一位有民調經驗的教授代為設計更有學問的問卷,調查結果與前相同,仍是 95% 的人不贊同植物人安樂死。

曹慶這時想要放棄了,乃向上帝禱告,告訴上帝:「我不幹了。」

但是上帝問說:「幫助植物人,除了安樂死就沒有別的辦法了嗎?別的方法也可以試試呀!」

根據創世基金會這些年來的經驗,當醫生問植物人的家屬說:「病人就算醫好了還是植物人,你們要不要救?」

家人通常都會回答:「要!」

這種例子與上面的民調結果,方向是一致的。家屬在理智上,可能會有不如讓植物人死掉算了的想法,但在情感上卻難以割捨。

我不就是那個窮和尚嗎?

聯合國糧食及農業組織:2010 年全球有 9 億 2500 萬人挨餓。

助死的安樂死行不通,助生的養植物人又無能為力,該何去何從,曹慶陷入天人交戰。他流淚向神禱告:「神哪!我要怎麼辦?」

神的感動是:「助其生。」

助其生各處碰壁

首先,曹慶想到的是去找政府,當時不少縣立醫院病房空空,病人稀少,因為醫生多為兼職,自己在外另有診所,遇有病人都帶到自己診所去了。

曹慶拜訪院長,希望部分閒置的病房借給他們來安養植物人。

院長說:「我作不了主,要去找衛生局。」

衛生局說:「這要找省衛生處。」

省衛生處又將責任推給內政部。而後衛生單位又與社會處等單位推來推去,總之無人願意碰這個燙手山芋。

找政府不行，因此找民間大企業所設慈善基金會，曹慶找到200多家名單，一一發函。發函的目的不是要他們捐款，而是說明家有植物人的困難，希望他們站出來以不同的方式來救救植物人及他們的家庭，但都無任何回覆。

曹慶乃親自登門拜訪，有些拒見，有些見了也是白見，多數是接待秘書說幾句客氣話：「你很有愛心，資料留下來，我們會交給老闆。」就把他打發走了。

曹慶沮喪至極，雙手握著拳頭大喊：「怎麼辦？怎麼辦？」

這時有位中央研究院教授，很關心植物人安養的事，介紹曹慶去見一位有聲望有地位的重量級人士，希望能獲得幫助。

這位先生夏天身著藍袍大掛接見曹慶，顯見是位高貴人士，問明曹的來意後，又對曹提出許多問題，諸如財力、人力、經驗等，最後他拍拍曹慶的肩說：「年輕人（其實那時曹慶已退休，並不年輕），我生平不做沒有把握的事。」

這位高貴人士還告訴曹慶：「我30幾歲的時候就想做三件事：洗腎中心、精神病院及植物人安養院。可是現在人已近80多歲了，仍然沒做出一件，事情不是想的那麼容易。」

窮和尚成就了大事

就在極度挫折無助的時候，曹慶突然想到小時讀過文章，就是現在國中第四冊國文課本裡，有個一窮一富兩個和尚的故

報日央中 中華民國八十四年十月二日 星期一

沿門托鉢

為植物人找一個家

以苦行僧精神創辦「創世」的曹慶

■許素華

● 民國 84 年《中央日報》以
「沿門托鉢，為植物人找
一個家」為標題，說明曹
慶以苦行僧精神創辦創世
基金會。

● 這是曹慶比較上相的一張相片，
其他時間，曹慶的樣子不是像
苦行僧，就是像個遊民。

事。故事是用文言文寫的:

　　蜀之鄙,有二僧:其一貧,其一富。貧者語於富者曰:「吾欲之南海,何如?」富者曰:「子何恃而往?」曰:「吾一瓶一缽足矣」。富者曰:「吾數年欲買舟而下,猶未能也。子何恃而往?」越明年,貧者自南海還,以告富者,富者有慚色。西蜀之去南海,不知幾千里也;僧富者不能至,而貧者至焉。人之立志,故不如蜀鄙之僧哉?

　　這時曹慶腦子忽然大開,自問:「我不就是那個窮和尚嗎?窮和尚一無所有,但有一顆勇往直前,愚公移山的信念,既然水滴石可穿,只要鍥而不捨,定有成功之日。」

　　政府、大企業、有地位的人,他們都是富和尚,因為富,反而裹足不前,這些富和尚必待所有條件都充分具備,才敢行動,結果終無行動之日。

　　回憶創世清寒植物人基金會之所以能夠有成,「窮和尚去南海」是曹慶最大的動力。從那時起,他就不再打政府、大企業及有地位人士的主意,而走貧僧一瓶一缽之路。

　　窮和尚曹慶上路時,邊走邊哼,哼出一首打油詩,詩曰:

　　雲橫山兩段,日照一潭清,逍遙我自在,心無半瓣塵,惟唸一件事,可憐植物人,無資也照料,瓶缽學蜀僧。

　　人的一生,有成就偉大事業的窮和尚,也有默默一生的富和尚。希望大家都來做個窮和尚,就像曹慶一樣。

四年上山下海

美國一項調查：人們只需要五個朋友，就足以因應現代生活。

窮和尚的方法就是沿門托缽，曹慶利用四年的時間，走遍台灣大街小巷，見人就問三句話：知道植物人嗎？肯不肯幫忙？可否留下姓名地址？

開始苦行僧的旅程

當年在台北火車站對面，現在新光三越大樓的舊址上，有家商店賣燒餅油條，曹慶買了十幾個很結實的北方大餅，帶著少許衣物，背著走遍台灣。

他順著鐵路線的城市走，像個苦行僧，為了省錢，夜宿火車站或汽車站，在車站或溪邊洗洗身體，多數只是擦擦澡而已，談不上洗澡。

台北市等大都市火車站，凌晨會吹哨子趕人、關閉車站，三點半再開門。所以他晚上睡火車站，被趕出來，就到汽車站休息，三點半時再回火車站睡覺。火車站可以躺下來睡，汽車站只有椅子只能坐不能躺。一般小城市火車站，晚上也會吹哨

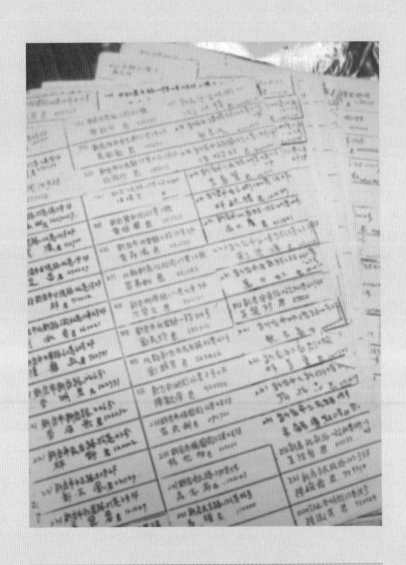

●四年上山下海，尋得 700 個愛心人士願支持曹慶創立基金會，
他們給曹慶帶來莫大鼓勵，名單經整理後一直存在基金會，視
為鎮會之寶。

子趕人，但只是意思一下，並不真正趕人走。

與萬餘人談三句話

每次看到有可以談話的人，先上前寒暄，然後就問：「知不知道植物人？肯不肯幫忙？可否留下姓名地址？」

四年下來，每天約 30 位，統計萬餘人，最後只有約 700 多位願意留下姓名地址，曹慶稱此為 700 個愛心同情點，對他是無上的鼓勵。

道不孤必有鄰，雖然響應的人極少，但總還是有人。這 700 個愛心同情點名單，到現在仍一直放在創世基金會，算是基金會的鎮會之寶。

當時問人家三件事，並不要求捐款，偶有捐款者，都婉謝，目的在宣導、結合人心，並想知道究竟有多少贊成的人。

這四年的艱辛，曹慶一輩子都記得，主要不是四年上山下海的辛勞，而是受人白眼、辱罵及許多刻薄的言詞，有時令人難以忍受，有時氣得拿起石子摔，有時用腳猛踢路上石頭，有時禱告，有時大吼一聲，發洩一下，但靠著主耶穌的力量，都過來了。

騙子來了

這四年訪談經驗，也讓曹慶獲得少許看相的經驗，為了避

免受辱，找人談話前，都先觀察人的相貌，選擇被拒危險性小一點的人訪問。

雖然如此，絕大多數的人還是拒絕被訪，有的掉頭就走，有的搖搖手婉謝，幾個人在一起時，大家還會互相告誡說：「又遇到騙子！」就一起離開，直接罵他騙子或瘋子的也不少。

最離譜的是，有次進一家大銀行，看有無訪談機會，銀行人員看到他全都站了起來，警衛手按著槍，似有拔槍的意思。曹慶趕緊退出來，因為他背了個包，模樣疲累，或許銀行人員懷疑他包裡有危險物品來意不善，提高警覺。

有次在竹南車站，正在物色可以談話的對象，警察以為他是小偷在尋找對象，跑過來盤查他，然後站在遠處監視他。

總之，他這四年包山包海的行走訪談，多數人懷疑其居心不良，根本是騙子，有些人知道他動機沒有問題，但認為他想做的偉大慈善工作，絕無可能成功，因而認為他是瘋子。

曹慶這四年之所為，人們認為他是瘋子或騙子，也不能全怪這些人的反應，因為就連他的家人、朋友也都認為他是無可救藥的瘋子，即使現在我們談到他的事蹟，恐怕也不會反對說他是個瘋子。

瘋子首嘗人間溫暖

四年的上山下海，雖然遇到許多令人喪志的反應，但也不

全無鼓舞之處。有次曹慶走到員林草屯中途下車，看到一位老太太在汽車站附近屋簷下賣檳榔，人很瘦小，坐在藤椅裡，幾乎只看到她的頭。

曹慶找她聊天，問前述三件事，但語言不通，老太太笑笑，曹慶也只能笑笑，後來一位中學生放學路過，充當翻譯。

老太太聽懂了，就在褲腰旁小口袋裡掏了半天，掏出一把錢，笑眯眯的將錢交給曹慶，錢還是熱的。

曹慶說：「老太太溫暖的心加上溫暖的鈔票，大大溫暖了我的心，讓我的眼眶濕了，差點就要流淚。」

後來錢婉謝了，因為當時尚未對外募款。20多年來這件事一直記在曹慶的心中，似乎那位賣檳榔老太太愛的暖氣，鼓舞疲憊不堪的心靈，繼續跨步奔走，到現在仍存餘溫。

一、二、三、四

不放棄就有希望。

Never, never, give-up ; always have hope.

凡事盡心盡力，結果交給上帝。

Do your best then God will do the rest.

　　創世基金會照顧植物人，的確讓許多因家有植物人而不知所措的人，得到極大的幫助；但在開始做的時候，幾乎無人看好，連曹慶自己也不看好，此事卻在曹慶手中成功。他有一個信念，就是鍥而不捨的進行，若神允許就必成功。

　　當時他用毛筆寫下四項是信念也是做法的座右銘：一瓣慈念、二顆膝蓋、三零主義、四年海山，將它掛在書架上。

一瓣慈念

　　曹慶年輕時，正值八年抗戰及國共內戰，他說：「那時，我天天躲空襲、躲砲彈，四處逃難，肉體心靈都備受煎熬。」所以他從小就厭惡戰爭，期盼和平，很早就立志，有朝一日一定要做些社會慈善工作。

　　所以當退休年資達標滿 25 年時，立刻退休。當時他的岳

●曹慶親書一二三四的三零主義
　理念。

●曹慶在教會作見證，說明他在三零主義下，
　蒙神恩待得以成功。

父還很不解的說，台糖這麼好的鐵飯碗，為甚麼要這麼輕易放棄？妻子也擔心將來的生活及女兒的教育費用，但他毅然決然的做下去，其所本者就是「一瓣慈念」。

二顆膝蓋

聖經說：「在人不能，在神凡事都能。」

在神沒有難成的事，問題是：神要不要成就那件事？因此我們遇到難成的事，就要向神禱告，求智慧及能力來完成它。曹慶也是如此，在遇到不能解決的事，在求助各界皆無助時，就跪下向神求，因為相信神一定會給與助力，結果幫助植物人的願望就這樣成了。

所謂的「二顆膝蓋」就是指雙膝跪下來禱告。許多人遇到困難也會跪下來向神禱告，但並沒有信心，神不會成全他的祈求結果事就不成。

聖經說：「所以我告訴你們，凡你們所禱告祈求的，無論是甚麼，只要信是得著的，就必得著。」禱告的人，若心裡不疑惑，只「信」祂所說的必成，就必給他成了。

曹慶對神的信心，是他完成世人認為不可能之事的重要原因。

三零主義

在進行成立基金會、照顧植物人的時候，曹慶手上無錢、無人、無技術，稱為「三零主義」。有人戲稱這是另外一種「三民主義」。

曹慶1980年退休時，由台糖拿到退休金約新台幣70萬元，公保退休金40萬元，公保退休金交給太太，台糖退休金70萬元作為推動植物人照顧計劃，這點錢能夠幹甚麼用呢？在四年全省走透透時就花光了。

籌劃照顧植物人基金會時，曹慶幾乎是單打獨鬥，無人協助，第一位植物人進住其安養院時，除曹慶外，只有一位護理及行政人員，三人起家。如何照顧植物人，更是毫無經驗，從無到有的摸著石子過河，所以是由零技術開始的。

三零主義如何能成功的呢？在人不能，在神都能。1979年諾貝爾和平獎得主德蕾莎修女（Mother Teresa），在印度加爾各答成立仁愛傳教修女會，其下設「垂死之家」等多種機構，幫助窮人中的窮人，需要龐大的經費。

有記者問她：「為不為錢發愁？」

德蕾莎修女說：「我從不為錢發愁。因為我做的工作是神要我做的，既然是神要我做的，神自然會預備一切所需。」這就好比公司派你到美國出差，公司自然會為你準備機票及食宿

等費用是一樣的。

照顧窮困家庭的植物人，是社會迫切需要的大愛，當然要有人來做，神愛世人，祂藉著曹慶的手，完成了祂對世人的愛。

四年海山

四年海山是指曹慶退休後，曾經一個人背著簡單衣物，夜宿車站、沿著鐵道路線山上海邊，跑了四年，逢人便問三件事：知不知道植物人？肯不肯幫忙？願不願意留下姓名、地址。跑了四年，問了一萬多人，只有約 700 位願意留名留地址，這期間且受到無數人的白眼及侮辱，大家認為他不是騙子就是瘋子。

四年海山是他痛苦的經歷，也是他成功的關鍵。

第一位植物人進住

美國波士頓顧問公司：全球 1% 家庭控制了全球私人財富的 40%。

安樂死，95% 的人不表接受，主要是因為五不：法不容；醫不肯；親不忍；教不許；社會不認同。對植物人助其死之路既然不通，曹慶乃轉向助其生之路，於 1986 年 11 月 19 日成立的「創世清寒植物人安養院」正式對外服務。

林小姐全家感激落淚

第一位植物人是曹慶親自找來的，他在台北縣三重市訪問地方里長，知不知道那裡有植物人，發現有棟公寓五樓住戶有位女性植物人，乃親自登樓將植物人揹上車，接來安養院。

這個第一位進來的植物人是位年輕的林姓小姐，被摩托車撞倒，本以為沒事，但過兩天就昏迷不醒人事，變成植物人。其實據推斷，林小姐可能只是腦震盪，如送醫仍有救。但家人不知，且家庭極為貧困，父親罹患肝硬化、母親子宮癌，根本無力送醫。林女乃由多病的父母艱辛的照料多年，後由創世的安養院接手，多病的父母感激淚流。

克難安養院

當時創世安養院的設備、人力均極為簡陋，工作人員只有一位護士、一位行政人員及創辦人曹慶等三人。林小姐進住時，睡在一個別人丟棄的衣櫃上，林的父母為了照顧她，曾用一塊木板、下面裝輪子，成為一張可移動的床，給女兒睡，這張床也送給了創世安養院。創世安養院用該床運送植物人，洗澡時，植物人由床上移至有輪子的木板床上，推到洗澡間洗澡。

林小姐進住時，睡在撿回來的破舊衣櫃上，三、四個月後馬偕醫院送來一批汰舊的病床，鐵製的，雖舊但卻十分牢固，床的問題暫時解決。

林小姐一度恢復知覺

林小姐進住創世安養院幾年後曾恢復知覺，可以跟大家一起哼唱「阿里山的姑娘美如水」，並且可以下跳棋，因為久病臥床，體力極差，下棋時手會發抖，但棋藝高，大家都下不贏她。

真正的植物人恢復意識，媒體雖有報導數例，但基本上是少有可能的。少數幾位恢復意識的，多半並非真正植物人，只是外表看起來與植物人一般的病患。

植物人也會生病，且因臥床太久，缺少運動，心肺功能差，病況不少於一般人，病時必須送醫，但醫院多數拒收。

有一位生病被送至早年常去的醫院，醫生對創世護士大發脾氣說：「我都忙死了，你們還把這種病人送來，趕快帶走！」後來只有馬偕醫院肯收，且有費用減免。

罹病父母希望女兒安樂死，不忍苛責

創世安養院初創時，財力、人力皆不足，因此植物人生病住院，家屬必須去陪。但像林小姐家貧且父母皆罹病的情況下，家屬看護百般艱苦，無奈中常希望病人趕快往生。

林小姐住院時，父母天天哭，為女兒穿上壽衣等死。女兒進加護病房，父母拒絕急救。這並不是父母或家屬不愛他們，在貧病交加的環境裡，拒絕救這樣毫無希望的植物人，我們又怎麼忍心苛責呢？後來林小姐還是病逝醫院，結束痛苦的生命，真正安息了。

創世雖然已收進一位植物人，但救不救植物人，何去何從。社會上仍是爭議不斷，家屬心中也矛盾不斷，掙扎不斷，真希望有朝一日醫藥大突破，能夠使植物人復元，重拾健康。

●第一位植物人進住時的床是撿來的一個破木
　櫃，平放後當床，供植物人使用，現仍存放
　在創世作為紀念。

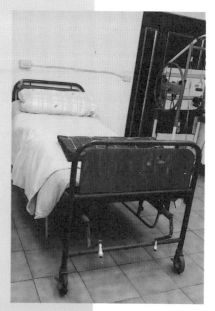

●馬偕醫院捐了一批淘汰的鐵床
　給創世，病床設備乃獲得相當
　改善。

創世基金會正式成立

把燈提高一點，好照亮更多的人。

在林小姐之後進入創世安養院的是姊弟二人，分別為 8 歲及 5 歲，一家兩個孩子皆植物人十分不幸，也十分少有，據推測可能是因為父母係表兄妹近親結婚所致。其尚有一位 10 歲的哥哥，醫生警告，20 歲前亦有成為植物人的風險。

前五位植物人進住

這對姊弟家貧，靠父親開計程車維生，父親不得已將計程車賣掉，再另租車營業。父母很愛孩子，天天都來看，父親有時將計程車放在外面，跑進安養院，坐在床前，難過的對著孩子，約半年後便將兩個孩子接回家去了。

第四位是民國 76 年初進來的，是一位 15 歲的女孩，她與同學三人共騎一輛摩托車在空地上轉圈圈玩，車倒頭撞地成為植物人，現仍住在院裡，已 20 餘年。父親是退伍軍人，現在全身癱瘓，母親痛風，手指僵硬變形，不幸的事常擠在一起，真不知老天爺為何如此？

第五位是位水電工，在高樓工作時墜樓成植物人，墜樓時

頭骨全碎，醫生為他做了個人工頭殼，一直用到現在。這位水電工有母親、妻子及兒女，成為植物人後，家境困難可想而知。

妻子很年輕，來日方長，曹慶乃技巧的暗示並鼓勵她應該再婚，辦離婚時由創世植物人安養院向法院出具證明，離婚核准後再婚。這位水電工植物人，如有知覺，除了對自己不幸感傷外，恐怕也會祝福妻子得有第二春吧！

經常挨告

1986 年 11 月 19 日成立的「創世植物人安養院」，無力向政府正式立案登記，因此經常挨告。告的人多數是附近住戶，他們不歡迎植物人。

有人向衛生單位提告說：「他們是非法醫療機構。」

有人向環保局提告說：「他們污染環境。」

有人向警察局提告說：「他們危害治安。」

最多的是向社會局提告說：「他們非法營業。」

當時情況真是苦不堪言，還好台北市社會局有好心官員，正式回文給告發者說：「創世植物人安養院正由我們社會局輔導中。」這才躲過難關。

漸入佳境

過了兩年，以 100 萬元基金向台北市政府申請登記，後基

金增為 3,000 萬元，乃向內政部登記，成立「財團法人創世社會福利基金會」，附設「創世基金會植物人安養院」。

現於基隆、台北、屏東多個縣市設有 16 處分院，直至 2011 年免費收容清寒植物人共 600 人，家居接受照顧的植物人有 1,500 人。最小的安養院在嘉義，可安養植物人 22 人，最大的在台北市文山區，可安養 90 人。

1999 年設立華山基金會，預計將在全台 369 個鄉鎮，分別設立「社區愛心天使站」，到宅照顧失智、失依、失能的老人。直至 2011 年 6 月底，已設立了 271 個愛心天使站，服務 11,258 人。

2002 年成立人安基金會，在基隆、台中、屏東、台北萬華等 16 處設有平安站，救助街友、單親媽媽，直至 2011 年，已服務 876,455 人次。

2011 年設立星沙基金會，以尊重生命，拯救胎兒為使命，直至 2011 年，已在 70 所學校，800 個班級授課，推廣貞潔教育。

給他們按個讚

四個基金會中以創世基金會為主，規模最大，其他三個姊妹基金會為輔，規模較小，所以大家都以創世來統稱這四個基金會，他們服務的對象都是社會上最底層的人。看到創世的工

作，我們深為這些社會邊緣人慶幸，否則真不知道他們的苦難將如何度過。

曹慶的名字與創世基金會分不開，是二而一的名字。而創世與眾多貧困的人，也是永遠連在一起的。我們在讀這個故事，瞭解創世基金會的諸多工作後，會深深吸一口氣，對曹慶、創世職工、志工及眾多捐助人，由衷的表示欽佩，並給他們鼓掌。

曹慶這個瘋子，成就了大家皆曰不可能的事。這樣的瘋子，台灣不應只他一人，真希望能更多一些這樣的愛心瘋子，台灣會變得更可愛、更美麗，成為人人羨慕的寶島。

● 創世植物人安養院建築物，早年都是租或買來的，草屯安養院是創世
　第一家自建的安養院，圖為動土破工時，曹慶帶大家一起禱告。

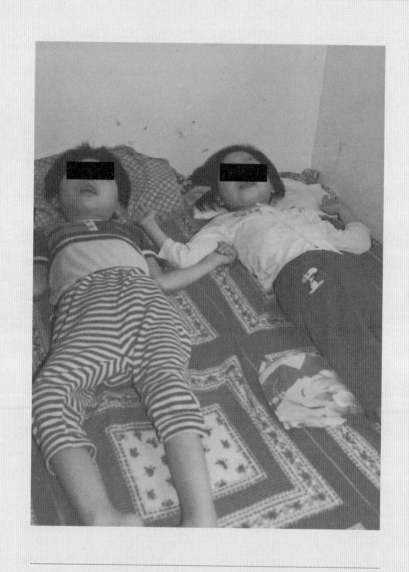

●這是創世安養院第二及第三位進住的植物人，是一對兄妹。

第 2 篇

救一個植物人就是救一個家庭

我只希望能比兒子多活一天

西藏諺語：「能解決的事不必擔心；不能解決的事擔心也沒用。」

有位老婦人的先生已過世十幾年，小兒子在 30 多歲時，有天騎摩托車為女朋友買早餐，被汽車從後面撞倒，成為植物人。就在小兒子被撞前幾天，老婦人自己也遭車禍住進醫院，昏睡多日，得知兒子車禍，也無力處理。

不如一死了之

兒子女朋友十分自責，因為男朋友是為她買早點發生車禍的，因此不離不棄的協助照顧了半年多，後來在雙方家長同意下，女友另有婚配，因為兒子是植物人，總不能耽誤女孩子一輩子。

起先老婦人並不知道有創世願意免費照顧植物人，只得在家照顧，備極辛勞。當時心情壞到極點，經濟及體力都無法負荷，心中經常想到不如一死了之。

有天拿起枕頭想把兒子悶死，自己再跳河自殺。雙手拿著枕頭一直發抖，下不了手。此時又想到新聞報導，母親帶智障

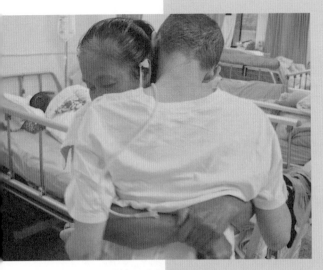

●孩子不要怕，有媽媽在。

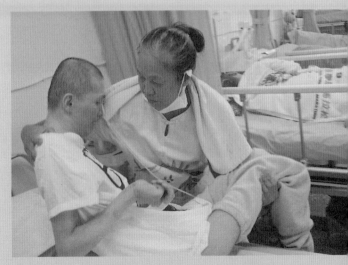

●老婦人每天都來看孩子，颱風下雨，即使颱
　風天也來看兒子，真是風雨無阻。

兒跳河自殺，結果母親死了，子獲救。她想如果她死了，兒子未死，那植物人兒子不是更慘嗎？從此放棄自殺念頭。

後經友人介紹，才知道有創世這樣好的慈善機構，可以免費收容植物人，喜出望外，以為自己在作夢，世間上哪有這樣的好事？

老婦人每天都來看孩子，颳風下雨，即使颱風天也來看兒子，真是風雨無阻。

老婦人說：「要不是創世基金會，我和植物人兒子恐怕早就死了。」

斷子絕孫

老婦人住在新北市郊區，民間相信家有植物人，是因前世或今生做了壞事的報應。所以她每天去看兒子都不敢說，只說要上街。後來到了植物人安養院，看到那麼多植物人，心想：「應該不會有那麼多人都是因為做了壞事遭到報應的吧？」心中才比較舒服一點。

我為了鼓勵她，不再受這種胡言亂語的影響，就告訴她：「我結婚近 50 年，我們沒有孩子。民間也有人說，沒有子女也是因為前世或今生做了太多壞事，受到報應。人們常用『斷子絕孫』或『絕子絕孫』去詛咒別人。我們絕子絕孫比妳家有植物人，恐怕更嚴重吧！可是妳看，我現在不是活得好好的，

而且還當了院長嗎？」

她聽了一臉眼淚，終於露出一點笑容。

老婦人說：「現在我兒子情況比從前進步很多，別人開他玩笑，他會笑。說要替他抽痰，他會自動張開口，似乎已有些知覺了。」

老婦人還說：「雖然我經濟困難，如果兒子能開口講話，認出我是母親，我借錢也要送每人 5 萬元，並要請大家去圓山飯店吃飯。」

我走了孩子怎麼辦？

另外有位老太太對這位老婦人說：「我兒子生下來就無聲，一直不能言語，40 年來沒喊過我一聲媽，妳比我好多了。」

兩人一起哭，哭了好久。

有個人問老婦人：「如果妳先走了，兒子怎麼辦？」

老婦人說：「我只希望能比兒子多活一天就滿足了，這樣我可以為孩子處理後事，看著他得到解脫就行了！」

說著說著，兩位老婦人又一起哭了起來。

有位植物人的媽媽，流著眼淚對女兒說：「如果我先走了，弟弟不知怎麼辦？」

女兒回說：「媽媽不用擔心，妳會活一百歲的。」

我擔任經濟部次長時，有次應邀去身心障礙才藝比賽頒

獎，得獎者的母親，每個人都是淚眼汪汪的，她們內心的苦悶及辛勞，又何止是幾滴眼淚能夠表達的呢？

散會時，有位媽媽問我：「王次長，我現在最擔心的事就是如果我走了，我的智障孩子怎麼辦？」

這是每個身心障礙者母親都會問，且都擔心不已的問題。

怎麼辦呢？我們盼望大家能多繳一點稅，讓政府能把社會福利做得更好一點。也希望社會上能多一點像創世基金會這樣的愛心單位，或許能讓為人母者，稍許寬心一點。

姊，來生再報答妳！

聖經：「憐憫貧窮的，就是借給耶和華，他的行善，耶和華必償還。」

有一位女士對我說：「十三年前，40 歲的弟弟在開車回家時，突然覺得不適，在暈倒前對車內的一位朋友說了一句『三總』，因為他平時就醫都是去三軍總醫院，這是他暈倒前的最後一句話。迄今十三年過去了，弟弟沒有再說過話了，真盼望弟弟有天能再講話。」

我跟她說：「希望如此，但恐怕機會渺茫。」

她回說：「你怎麼知道？」

姊弟情深

當時，弟弟因為血壓太高，導致腦血管爆裂，在車上暈倒，送到三總時，用電擊恢復了生機，之後，開刀、住加護病房，未及兩星期，腦血管又破裂，再開刀，再次進住加護病房，如此重複了三次，到了第三次，腦血管雖未再破裂，但已經成為植物人。

姊姊不放棄，問醫生：「弟弟何時能恢復意識？」

醫生說：「要觀察三個月。」

三個月後，弟弟仍然沒有清醒，姊姊不放棄，讓弟弟在醫院住了九個月後，知道機會不大了，才經人介紹住進創世植物人安養院。

姊姊一直相信，弟弟雖被鑑定為植物人，但實際上還是有意識的，因為她每次來，總會跟弟弟說：「姊姊來看你了，如果你知道就眨眼睛三次，眨兩次不算喔！」

床上的弟弟，總會眨眼三次。

因此，十三年來，姊姊從不放棄，也總認為弟弟會有奇蹟發生。

姊姊說得很對，人的一輩子，命運掌握在神的手裡，聖經上說：「在人不能，在神凡事都能」。

但神的旨意是極其奧秘的，何時弟弟能恢復正常，或是永無機會，都由上帝來決定吧！

她只能選一邊

弟弟住醫院這段期間，姊姊始終全程看護。

我問她：「妳沒有家要照顧嗎？」

她回說：「我還有先生及兩個孩子。兩邊都要照顧，但我只能選一邊，因為弟弟更可憐，所以我選擇了照顧弟弟，好在先生及孩子也都能體諒我。」

　　弟弟住醫院時，不適應醫院餐飲，會拉稀，糞便由床的兩邊向外流。因此，姊姊只好每天做飯菜，再打成爛泥漿，以鼻胃管來餵食弟弟。每一天，都是早上 8 點半到醫院，晚上 11 點回家，一天睡不到 3、4 小時。

　　我問她：「這樣吃得消嗎？為甚麼一定要這麼早就去醫院呢？」

　　她回說：「8 點半到醫院是為了送早餐，當時不太懂，總認為早餐一定要吃，且不能晚於 8 點半。」

　　靠上帝的帶領，姊姊雖然每天只睡 3、4 個小時，精神尚可支撐，沒有病倒。

　　十三年來，姊姊每天都到創世來看顧弟弟，為了減輕護理人員的工作量，一般由護理人員負責的事，包括弟弟的洗澡、餵食，也都自己來。

　　這與許多親屬來探視植物人家人時，都像客人一樣站在旁邊，看著護理人員辛苦的工作，卻無插手協助的意思，大不相同。

　　這位愛心姊姊真是有愛心的人，不但愛弟弟，也愛護理人員。

了不起的姊姊

　　姊姊的家人雖然接受她全力看護弟弟，無法對家庭有更多

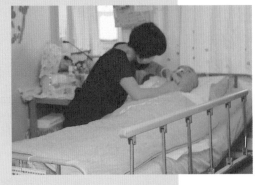

● 弟弟不要怕，有姊姊在。

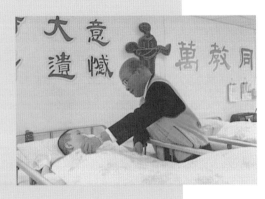

● 前行政院長蘇貞昌來關
心植物人。

● 當時任職台北市長的馬
英九特地前來關心植物
人。

照顧的事實，但最初時總有些抱怨，她選擇的是：默默無言的承擔。

姊姊說：「絕對不要跟先生或家人辯論，那只會讓事情更壞。」

這位愛心姊姊，除了愛心值得我們學習外，在做人上，也是我們的榜樣。例如前面提到的，主動分擔護理人員的工作，以及對於家人的抱怨，絕不辯論，因為辯論無益，當大家在表示心中不滿時，彼此都在痛苦狀態中，此時，任何說理的話都是多餘的。

我們人與人相處，夫妻之間鬧到要離婚，常常都是在自己覺得委屈時，發生辯論，一般稱為爭吵，不歡而散。

我很高興能跟她談到話，因為她很樂觀，樣子一點也不憔悴。

我問她：「對弟弟有甚麼希望，是希望弟弟早日安息，脫離世上痛苦，還是希望弟弟有天恢復健康。」

她回說：「雖然勞累，還是盼望會有奇蹟出現。」

這位愛心姊姊真是了不起，從她臉上很容易看到人性善良的光輝，談完話時，我對她豎起大拇指說：「妳真了不起！」

這樣的父母哪裡找？

《紅樓夢》：「癡心父母古來多，孝順兒女誰能見。」

一位創世植物人的母親，住桃園復興鄉，60多歲的老太太對我說：「我有三個孩子，大女兒15歲、國中二年級時與朋友三人共乘一輛摩托車，女兒坐在中間，發生車禍，前後兩人皆沒事，只有我女兒頭撞地，腦部嚴重受傷，送進醫院就沒有再醒來，一直在創世住到現在，20餘年來，蒙創世免費細心照顧，真是有說不完的感激，要我為創世做牛做馬，我都願意。」

老太太的感激之情，真是溢於言表。

做牛做馬都心甘情願的母親

這位老太太的女兒，因車禍在醫院住了兩個月，沒希望，醫生放棄了。自己帶回家照顧，曹慶去家訪時，發現她們母女睡在地上一張床墊上，女兒一邊，母親睡另一邊，隨時看顧。

女兒被搬到創世植物人安養院後，老太太因為捨不得，三天後又將女兒接回家。但是丈夫要上班，另外兩個孩子還要上學，在家裡照顧植物人實在是力不從心，又再送回創世，照顧

至今。

當醫院宣布這位老太太的女兒將成為植物人時，當時她真想帶著女兒一起死掉算了，但是想到還有兩個年幼的孩子，就不敢再有尋死的念頭。

花光積蓄遍尋秘方

來創世前，老太太曾在家照顧女兒半年，花光了所有積蓄，當時只要聽說有辦法救孩子，花多少錢都願意。

聽到有治療的偏方，無論多遠都跑去找，從台北一直到高雄，為了找偏方，幾乎全省都跑遍了。

各種神明也都拜過，而且還買了一台十分昂貴的電療機電療，但都沒有一點用。後來別人勸她不要再相信偏方、拜神了，這才送到創世來。

老太太雖已 60 多歲，但每天都來看女兒，有時還會買四物湯給女兒調經，過年會接女兒回家，並買新衣服給女兒穿，讓女兒有過年的感覺，真是無微不至的好媽媽。

老太太的先生是退伍軍人，比她大二十歲，退役後當大樓門警，現已年邁在家，靠微薄的退休金生活。軍人丈夫脾氣不好，常以軍訓方式來對待她，她也習慣了。現在先生輕微失智，她每天出門看女兒，都先將先生要吃的飯菜準備好，真是賢妻良母。

曾經腦筋一片空白的父親

另外有位修鐘表的老先生，四前前兒子 27 歲時，因心臟病半夜發作，停止呼吸，打 119 送醫急救，命救回來了，但成為植物人，也是各處拜神明，吃偏方、針灸，花了兩百萬元，一點點積蓄幾乎全花光。

現在年紀大了，眼力不好，而且現在因為鐘表便宜又耐用，許多鐘表修理店都關門了，只好靠打零工過日子，即使一天只賺兩三百元的工作，他都願意幹。

在孩子被認定為植物人時，曾經腦筋一片空白，錢又花光了，想到自己死了，孩子怎麼辦？一度曾想跟政府申請讓孩子安樂死。但現在住在創世，照顧好，又不用花錢，因此未再想死亡問題，一心等待奇蹟出現。

現在他每天從家裡騎一個半小時的摩托車來看孩子，除非有臨工可打，否則日日如此，風雨無阻，這是久病見「孝子」，看見了孝順兒子的父親。

這位孝順兒子的父親，瘦瘦乾乾的，日子並不好過，但是他並不抱怨。

我問他：「是否會責怪政府對你們的照顧太少？」

他回說：「不會！因為政府要救的人太多了。但是，在上位的人，如果能多關心一點，我還是很樂見的。」

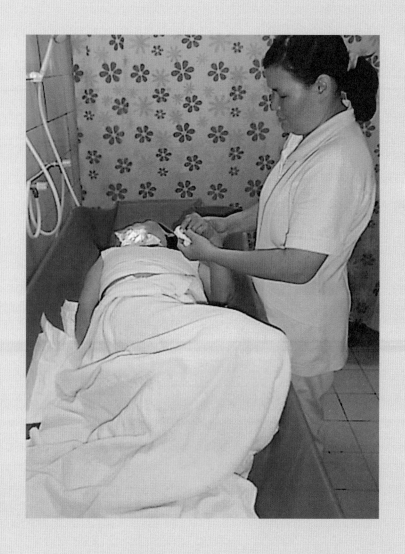

●許多子女在面對植物人父母時，通常採不理不睬的態度，病人
只能依賴醫護人員的愛心。圖為護理人員在為植物人洗澡。

他從小就受國民黨的照顧，所以也不會罵馬英九。這與現在社會動輒怪罪政府、批評馬英九的情況大不相同，人窮心不窮，好人一個。

他與妻子離婚多年，但前妻也經常來看兒子，送兒子喜歡的東西，雖然兒子也用不上。同時還常請腳底按摩師為兒子按摩。

我問他：「見到前妻會不會打招呼？」他答說：「會。」

我再問他：「能夠再復合嗎？」

他搖搖頭說：「似乎不容易。我現在也不想這些了，只希望兒子能有奇蹟出現，希望自己能比孩子長壽一點。」

久病無孝親

聖經：「要彼此相顧，激發愛心，勉勵行善。你們務要常存兄弟相愛的心。」

老人院之歌：「孩子，當你生病時，我寸步不離；當你晚歸時，我在門口切切的等。現在我住老人院，希望你也能多分點時間給我，我好想再看到你們。」

我們常說久病無孝子，植物人一輩子不死不活，拖累全家，家人的親情關係究竟如何呢？是不離不棄，還是不聞不問？根據 2011 年創世的統計，家屬探視率為 73%，表示住在創世的植物人，每 100 人有 73 人的家屬會來關心一下，這些來探視過植物人的，平均每年探訪總時數為 16 小時，如以每年 365 天計算，每天不到 3 分鐘。

久病無孝子的話，在植物人身上原則上是可以成立的。

看了他也不會好

不少植物人家庭，逢年過節會將植物人接回家團聚，但不少人過年過節也不會來理睬一下。有的家屬認為植物人甚麼也不知道，探訪或接回家過年都是勞民傷財、沒有意義的事。

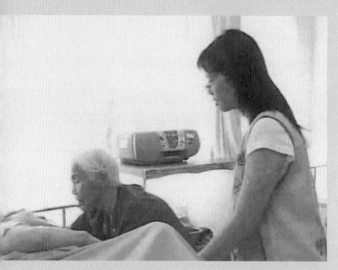

●家屬來探視植物人，植物人知道嗎？。

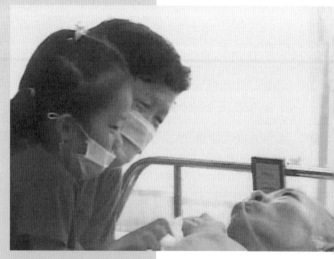

●家屬來探視植物人。

　　有個哥哥成為植物人，住在創世植物人安養院，創世希望他的弟弟常來看看哥哥，這位弟弟說：「看他幹甚麼？看了他也不會好。」

　　有位母親是植物人，兩個孩子快大學畢業，丈夫經常來探視，兩個孩子不來，父親要他們來，孩子勉強來了，不但不會摸摸母親，而且站得遠遠的。

　　創世早年對家屬的探訪極為重視，規定家屬每月必須有一定的探訪次數，否則要將植物人送回。但基於愛心，對無情的家屬常難以執行。

　　有位父親對植物人女兒經常不聞不問，即使女兒生病，依規定家屬必須負責送醫，他也不管，創世說要依合約規定將其女送回不再收容。這位父親十分凶悍，揚言法院見，意思是要提出告訴。

　　很多家屬不理不睬，不遵守規定、定期來探訪植物人，創世是個獻愛心的地方，總不能因為家屬的無情，就棄植物人於不顧吧！

不提老人傷心事

　　這種情形在其他老人安養中心也經常發生，筆者創辦的財團法人愛心第二春文教基金會經常拜訪一些老人院，帶些禮物去陪他們唱歌同樂，減輕他們的寂寞。因為老人常認為自己在

等死，沒有人關心他們。這些老人不是植物人，有些有生活自理能力，即使不能自理生活，但腦筋清楚。

老人院的工作人員常提醒：「你們與老人家聊天時要非常小心，除非老人家主動，否則絕對不要提到他們家人或子女的事。因為很多子女不孝，置父母於老人院不顧，有的連逢年過節也不接他們回家團聚一下，親情全無。」

做父母的想到自己一輩子辛苦的撫養孩子，今天卻落得這樣無情回報，所以每當提及他們子女時，老人家都會流淚。

有個兒子將父親送到老人院，繳了三個月的費用，就再也見不到人了，電話也不接；老人院沒辦法，只好報社會局，得一點補助款，老人院以慈善的心做賠本生意。

以創世植物人安養院總的經驗來說，子女經常關心探視植物人父母的少，父母關心植物人子女的多，其中又以母親的親情最為感人。有的母親天天都來看孩子，甚至自己親自為孩子做護理工作，替孩子翻身、拍背、洗澡、餵食、換洗衣物，母親是上帝賜給我們的天使，這話真沒錯。

妻子的愛大於丈夫

夫妻間有一方成為植物人時，妻子不離不棄的多，丈夫不聞不問的多。

有對離婚的夫妻，先生車禍成為植物人，前妻仍來看他，

妻子說：「先生已這麼慘了，就不要再計較從前的事了。」

　　所以如以性別來分，男人比女人無情，這種情形在國外也大同小異。美國有位癌症醫生發現，依據他的經驗，丈夫罹患不治之症時，90% 的妻子會守在丈夫身邊，直到丈夫往生為止。相反地，如果妻子罹癌，70%-80% 的丈夫會選擇離開。

　　身為男性的人，我們應該時時警惕自守，不要成為無情無義的動物。

吃喝拉撒洗，翻量抽聽看

聖經：「我們行善，不可喪志，若不灰心，到了時候就要收成。」

　　身心障礙分為輕度、中度、重度及極重度四種，植物人為極重度者。進住創世植物人安養院者，都須有低收入戶證明，並領有身心障礙手冊，經創世基金會評估後，始可免費進住。

每天進食六餐

　　植物人因為食量有限，須少量多餐，因此每四小時一餐，一天進食六餐，其中一餐為果汁，另外五餐將有各種營養的食物，例如：肉、蔬菜等等攪拌成流質以鼻胃管餵食。

　　安養院裡有志工營養師，針對不同的植物人調配不同的食物。例如，有人不能喝牛奶、吃雞蛋，各人需要的量亦不同。

　　灌食前會從鼻胃管抽出胃裡殘存的食物，以瞭解其消化程度，再決定灌食量或延後灌食，兩餐之間要灌水喝。吃與喝，我們可能認為極其簡單，但服務植物人卻不簡單，因為他們無法表達自己的需要。

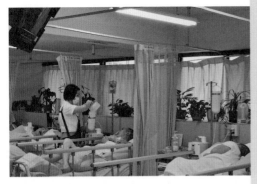

● 用吊罐方式餵食，安全又省力，以前餵食用手壓的大針筒，用力大，護士易得職業病

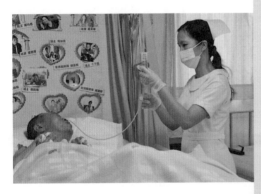

● 餵藥。

● 翻背、拍背。

大小便床上解決

小便，男生用尿套，女生用尿布，大便每天在床上解決，並留有紀錄。植物人臥床久，腸子蠕動慢，多數 2 天大便一次，3 天不排便則用灌腸球，經常便秘的，醫生會開軟便劑。

植物人每 2 天洗澡一次，植物人由病床上移到洗澡床上，進洗澡間沖澡，擦乾換衣，推回原床，洗一次澡要勞動好幾個人。不洗澡的那一天，會清潔植物人的會陰部，因為容易發生尿道炎，所以要特別注意衛生。

植物人躺久了，呼吸功能衰退，排痰功能不佳，要做胸部護理，拍背，助其排痰。每天量血壓、體溫。氣切的植物人，要抽痰，痰太濃，先用蒸氣吸入機化痰，再抽痰。抽痰每天至少 3 次，多數一天 6 次，護理人員，一天 3 班，每班抽痰 2 次。

每兩小時翻身一次

臥床久了，會出現褥瘡及骨骼扭曲，所以每天為其翻身拍背，翻身側睡，後以枕頭支撐。每 2 小時翻一次，左側、右側、平躺輪流做，久睡不動易骨骼扭曲，所以要助其活動，有些在送來創世前住在醫院或家裡，缺少這種照顧，骨骼已嚴重扭曲，再要恢復原狀，甚少可能，只能使其僵化慢一點。

植物人也會生病，小病，安養院義工醫師可以解決，嚴重

一點的，通知家屬送醫。但植物人是否生病，病人無法表達，護理人員眼睛要亮，時時觀察病人是否有異狀、有生病跡象，否則就會誤事。除生病住院者外，一般植物人病患領回來的藥要磨成粉，用鼻胃管餵服。

每位護理人員及生活服務員，要負責 5 位植物人，負責觀察植物人狀況，並為植物人剪指甲、理髮。每年由連結的醫院派牙科醫生，推了整台牙醫設備來為植物人洗牙一次，當然每天還要替植物人刷牙，口腔衛生對植物人十分重要，因為口腔細菌多，常是生病的源頭。

沒有大愛，無法承受照顧植物人的辛苦

照顧植物人的困難度遠大於想像，沒有高度的愛心是無法擔任此項工作的，這是植物人安養院花高薪有時也很難聘到專業護理人員的原因。因此留在職場的人，絕大多數都具有不同程度的愛心，稱她們為愛心天使絕不為過。

妥善照顧植物人是如此的複雜，低收入家庭如何有能力照顧他們，講白一點，只能做多少算多少，直到斷氣，這家的勞苦才得安息。

曹慶創辦的植物人安養院，免費收容植物人，愛心天使的妥善服務，用傳統的話來說，是積大恩大德，用聖經的話來說，這是榮耀神的事，將來在天家必有榮耀的冠冕為他們存留。

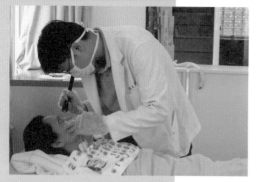

● 檢查眼睛。

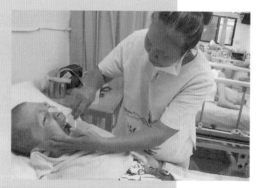

● 刷牙。

● 換尿布。

伍國慶重生了

聖經耶穌說：「復活在我，生命也在我；信我的人，雖然死了，也必復活。」

創世曾收過一位由當地縣政府送來的路倒人，是一位約50歲的男性，因為沒有知覺只有心跳，縣政府以為是植物人，故送來創世。

伍國慶的誕生與消失

因為沒有知覺，問不出姓名、地址，身上無任何證明文件，工作人員請示曹慶，就跟董事長姓曹好了。曹慶認為不妥，問這位男士大約多大歲數？工作人員就說大約50歲的樣子，曹慶說那就姓伍吧，由於是10月10日國慶日送來的，就起名國慶。

這位伍國慶先生，過了一段時間，似有恢復知覺現象，他的眼神會跟著人走，工作人員乃另加強各種刺激感官的活動，讓他聽音樂、看電視，再過一段時間，他的嘴會動、手也勉強會動、想講話但講不出口。

工作同仁拿了一塊紙板，請他寫家裡電話，電話是寫了，

但寫得亂七八糟，很多字無法辨認，創世同仁乃用猜的，將各種可能的數字都組合起來成為電話號碼、分別打電話，結果居然打通了，真是喜出望外，他的家人更是高興萬分，認為是奇蹟出現，對創世感激不盡。因為伍國慶的家人也一直在用各種方法尋找他，均不可得，現在失而復得怎能不雀躍、不感激呢？

伍國慶家境不錯，由家人接回安養，並回復了從前的姓名，伍國慶這個名字也就消失了。

爸爸快點醒來

有位已婚男士，生意失敗，酗酒中風，成為植物人，住進創世後情況慢慢變好，身體左側可以動，但仍不能言語。創世護理師教他認字卡，例如，卡上寫 11 點半吃飯，時間到了他就會舉起卡片，表示應該餵他吃飯了。情況逐漸變好，已不再是植物人，乃轉介到其他復健醫院。看到這種恢復健康的例子，創世員工都十分興奮，當時創世還為他戴方帽子，辦畢業典禮。

有位做丈夫的 30 幾歲時酒醉中風住院，醫生說昏迷指數滿分為 15，這位先生只有 0.3，勸他妻子放棄治療，但她拒絕，兩個讀國小的孩子也天天來看爸爸，守在床邊對爸爸說：「爸爸快點醒來。」

這家人經濟十分困難，靠太太賣檳榔為生，只能將先生送到創世植物人安養院，四年多後，先生開始有知覺反應，可以用眨眼與人溝通、簡單發聲，有天居然叫起太太的名字，太太嚇了一跳，知道可能會有奇蹟在她家出現，緊緊擁抱丈夫，全家都很興奮。未來能否完全康復，雖不得而知，只有交給上帝，但這樣的進步已為家人帶來希望。

2003 年有位 20 多歲的男性植物人送進創世，半年後開始甦醒，護理人員替他洗澡，他會去摸護士的手，後來可以下床、可以坐輪椅、可以自己吃飯。他喜歡的護士走到哪裡，他的輪椅就跟到哪裡，造成干擾，經家人同意送至其他復健中心去了。這位年輕人後來完全康復，曾回到創世來當志工。

植物人甦醒可遇不可求

以上這些案例，為許多植物人家屬帶來希望，認為只要不放棄或能等到奇蹟。但事實上並非如此，植物人恢復了意識是有的，但終身還是植物人，像上面這個年輕人完全康復的案例是絕無僅有的。

而且據醫生表示，這位年輕人當初雖被以植物人送進來，卻幾乎可以肯定他只是重度昏迷，並非真正的植物人。所以寄望真正的植物人康復，有點不切實際。

與其寄望植物人康復，還不如平時自我注意，不要變成植

物人。例如，創世收到的植物人，一半以上是因為騎摩托車發生車禍，尤其是沒有戴安全帽的，現在有些人騎摩托車橫衝直撞，十分神勇，一旦發生車禍成為植物人，就害己累人一輩子，大家能不小心謹慎嗎？

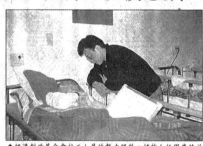

中華民國八十七年一月二十一日／星期三

民生報

當了一年半伍國慶 終於變回葉志忠
創世助他再生 植物人恢復意識

【記者陳碧雲／報導】創世基金會收容一年半的植物人「伍國慶」最近恢復了意識和部分行動能力，可以寫出自己的姓名、電話，終於找到家人。這是創世第二個植物人恢復意識的案例，創世呼籲，不要放棄植物人生存的權利，只要耐心、用心，他們仍有恢復健康的希望。

被創世基金會董事長曹慶取名為「伍國慶」的植物人真正的名字叫葉志忠，他在民國八十五年四月二十日被台北縣的警察發現倒在路邊，送醫治療發現腦部有血塊，左側腦死、四肢僵硬、意識半昏迷、無語言能力，到底他是什麼人、怎麼受傷、家在那裡都沒人知道，警方只好把他送到創世基金會。

葉志忠住進創世後，護理、社工人員不斷為他復健，去年初開始略有起色，可以作手勢，甚至自己進食。去年底，在社工引導下，他試著用筆寫家裡的電話號碼，經過幾次錯誤的嘗試，社工員終於找到他的家人。上周六，葉志忠的大哥從台北搭飛機到創世南分院去「認親」，因他長年臥病在床，變瘦又變白，哥哥乍看一下認不出來，他卻一眼就認出兄長，並立即在白板上寫「大哥」，兄弟終於相認。

▲經過創世基金會社工人員的努力照料，植物人伍國慶終於恢復意識，變回葉志忠，並與大哥（右）相認。

創世基金會／提供

● 當了一年半的伍國慶，名字雖消失了，但人卻以原名葉志忠活在人間。

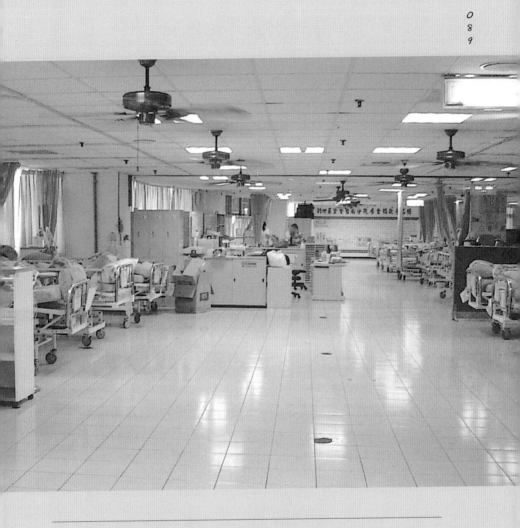

●創世植物人安養院台南分院，伍國慶即在此重生。

每次都九十度鞠躬

聖經:「我們要來感謝祂,用詩歌向祂歡呼;我的心哪,你要稱頌耶和華,不可忘記祂的一切恩惠。」

植物人又稱活死人,他有生命又好像沒有,讓他死不忍心,讓他活也不忍心,確實兩難。植物人本身或許沒有太多的痛苦,痛苦的是植物人的親人。

都要綁護腰

照顧植物人是極其辛苦的,例如照顧植物人最基本的工作就是替植物人翻身拍背,否則會長褥瘡。植物人因為無意識,無法自行翻身,也無法配合翻身,因此要將一個平均 60 公斤上下重量的東西翻身或移動,是相當吃力的。此處我用東西來形容植物人,絕非不敬,主要是要讓大家知道,翻動植物人與翻動一個能配合的人,截然不同。

家母現在 97 歲,健康狀況極差,要把她從床上搬到輪椅,極費力,搬動的人有時自己也都快站不穩,因為母親完全不能配合。母親現在由弟弟妹妹照顧,弟、妹也都 70 歲了,有時也會為了他們是否會閃了腰而感到憂慮。

　　雖然安養照護的護理人員都受過訓練，比較有技巧，但一天要做幾十次這樣的工作，吃重又危險，所以這些護理人員雖然很年輕，但都戴著護腰避免職業傷害。

　　除了拍背翻身，還要餵食、處理大小便、換衣等。有些植物人送來中心前，居家已有一段時間，筋骨已變形，照顧起來更加困難，必須按各人不同需求作不同的處理。例如，為防止腳變形，必須在腳底綁一片類似拖鞋的平板。為防止手指或手腕扭曲，要帶特別的手套，並在手腕處放置小沙包。植物人躺在床上很容易將手、腳關節扭曲起來，就像有些身心障礙者，手舞足蹈式扭曲著身體走路或跟你講話那樣。

家有兩個植物人

　　照顧植物人之不簡單，在本書〈吃喝拉撒洗，翻量抽聽看〉一文中已有較詳細的描述可以參閱。

　　照顧一個植物人，每月花費至少新台幣 5-7 萬多元，對有錢人來說這不是大數目，但對中產家庭來說，會從此由富成貧，對低收入戶或月入 3、4 萬的人家，會全家陷入世界末日，不知如何是好。

　　在台東山區有位老太太，先生十幾年前摔了一跤頭撞石頭，成為植物人。不久母親又撞車成為植物人，一家同時出現兩個植物人，對一個山地農家來說，簡直是天昏地暗不知所

每個月的21日是阿媽期待的日子
因為…
老農津貼可以領了，代表生活有
找落了…
一個月，也只有這一天，阿媽固
定要出門買菜…
阿媽說：
不出門，要吃

● 老農津貼數字不大，但
對老人家來說，領津貼
之日，是他們最開心的
日子。

● 家屬每次都握著護理人
員的手，九十度鞠躬

● 這位創世員工懷孕時，
醫生開給診斷書，要她
請假回家休養待產，
但她仍不忘工作。有天
被曹慶碰到，教訓她一
頓，要她立刻回家休
息。創世員工就是這麼
可愛。後來她生了一對
雙胞胎，好心有好報。

措。但兩個植物人被創世免費收容,這位太太又重見陽光。這位太太有空除了探視先生及母親外,會主動當志工,在院內服務。

這位太太說:「如果沒有創世,我及先生、母親大概早就死了。」感激之情溢於言表。

我常在想,也常問人:「如果你是一個低收入戶家庭,夫妻平日靠打零工及低收入補助度日,這時家裡如出現一個植物人,你要怎麼辦?」

答案可能就像俗話所說的:「涼拌!」這不是玩笑話,因為這樣的處境幾乎會把人逼入絕境。

絕境裡看到亮光

在即將走入絕境的時候,突然有個民間慈善機構說:「沒關係,請送到我們這裡來,不但完全免費,我們還會給予專業的看護。」

那個人如果是我,我會以為自己在作夢,天下哪有這種好事,我會感激涕零,要我跪下磕三個響頭,我都願意,天下真有白吃的午餐。

有位韓國華僑,丈夫在韓國死了,自己帶著五個孩子來台,靠韓台兩地跑單幫,賣點小土產、紀念品維生。老大一歲時高燒,腦性麻痺,後又因睡覺時,從床上掉下來,腦部重傷,

成為植物人。

　　本已不幸的家庭又雪上加霜，走投無路時，創世基金會伸出了援手，接納了她植物人的兒子。這位韓國華僑母親，見到創世工作同仁，每次都九十度鞠躬，見到曹慶董事長就想跪下來磕頭，真是感激涕零。

●愛心志工陪老阿媽逛菜市場。

聽信植物人甦醒的秘方

2020 年世界三大病症：心血管病、憂鬱症及愛滋病，其中，有憂鬱症者 15% 死於自殺。

曾有四年的時間，每天在外面跑，曹慶除了尋找愛心點，也順便看看哪裡有植物人。有次在花蓮，鄉里人告訴他，某家有植物人，乃登門拜訪。但那家人大聲的斥責他說：「誰說我們家有植物人」，說完就把他轟走了。

人在病無法醫時，容易相信偏方

在當時，許多有植物人的家庭認為是前世做了壞事的報應，是可恥的事，不敢承認，不敢告訴別人，當然也顧忌送醫，這是無知又可憐的事。

到醫藥這麼發達的今天，植物人仍然無藥可救。人在沒有辦法時，對許多偏方或特異功能都抱寧信其有，不妨試試的心理，因此，讓植物人甦醒的秘方自然應運而生。

媒體報導新北市林口區某人有偏方可治植物人，曹慶透過記者找到那位有秘方的人。這時剛好台南永康、有位高中生在運動會時，摔傷腦部成為植物人，父有四公頃農地，為了孩子，

一公頃一公頃的賣，建在農地上的房子也賣了，兩個姊姊讀大學，也都休學，改讀夜間部，全家陷入不可知的痛苦深淵裡。

出售假藥及偏方，是謀財害命

曹慶乃將那位有秘方的人，介紹給台南永康的植物人家庭，言明藥費 3,000 元由曹慶付，不再向植物人家庭收費。結果那人還是收了費，藥水是用兩個大拇指般大小的瓶子裝著，根本沒有用。曹乃責問賣秘方的人，表示要將藥拿去化驗，並向警方檢舉。那人聽此言臉色大變，承認是假藥騙人，但他說了句令人氣結的話：「人不為財天誅地滅」。

人為財天經地義，但如謀財害命，那就人神共憤。

台灣南部許多地下電台專以販賣假藥為生，說得天花亂墜，並找人作偽證，宣傳藥效。吃了的人，小則延誤治療，大則藥到命結。所以賣偽藥是謀財害命的勾當，必遭天誅地滅。

各種偏方多多

有一位生意人十分相信氣功，並自中國大陸請來氣功高手，在家教練，願到創世植物人安養院為植物人運氣，說植物人手會動起來，結果運了半天，植物人一動也不動。

另有一位在台北市開銀樓的老闆說有秘方，帶來一瓶酒、一包冥紙，酒灑在冥紙上，點火燃燒，將植物人手放在火上方

● 植物人清醒機會甚小，清醒後能正常行動的更少，好像中了
　樂透，偶有清醒過來還能恢復正常的，就成為媒體競相報導
　的新聞。

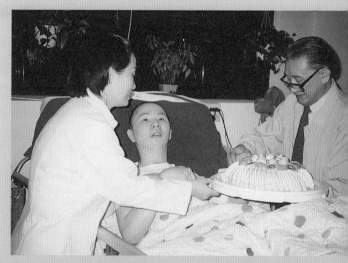

● 外號小叮噹的植物人甦醒，創世為他慶生。

說：「手會動！」結果，植物人也是一動也不動。

另有一個秘方是，找與植物人有血親關係的人，夜晚秘密的到郊外山溝裡找一種草，埋在地下，過幾天拿出來煮了餵植物人吃，可讓植物人恢復知覺。曾有家屬偷偷試用，當然一點用也沒有。

人在沒有辦法時，會有死馬當活馬醫的心態，秘方乃四處流傳，實在不忍苛責。曹慶的態度是，有人來行偏方，會先請教顧問義工醫生，只要不傷害病人身體，試試無妨。後來秘方雖會陸續出現，但家屬已甚有經驗，多數不屑一顧，現在幾乎不再有秘方出現了。

有位朋友，孩子不到十歲罹癌截肢，只剩一條腿，小孩子很樂觀。故事被媒體報導，各界爭相拜訪，各種偏方一擁而上，後來孩子被主接去。

孩子的父親說：「絕對不要相信任何偏方，一個也沒有用，有時反而影響應有的治療。」

筆者也曾對偏方抱著希望

筆者年輕時鼻子過敏，早晨一起床就打噴嚏、流鼻水，然後鼻子開始不通。報紙上有個小廣告，在台中某地有治鼻過敏的偏方，有次乘出差之便，找到這戶人家，買了藥，回來卻不敢用，因為看那個賣藥人家，怎麼看都不像是會有靈驗藥方的

人家，所以有買沒有用。

　　有次去泰國觀光，導遊帶大家去看蛇園，蛇園裡賣用蛇膽提煉的藥丸，說是可治過敏，我一時衝動，買了一瓶，價錢不低，返台後，愈想愈不對勁，知道大概又上當了，結果放在那裡，最後成為垃圾。

　　像我這樣學識、經驗、腦筋不太差的人，也會屢次相信偏方。我想這可能也是一種投機取巧的心理作祟，想要花小錢拼大效，求治心切所致。家有植物人，如果有偏方可治，恐怕我也會去試，為甚麼？因為已經走投無路了。

　　偏方是否就一定無效，或都是騙人的，倒也不盡然，不過還是小心為上，問問醫生或許較為安全。

大便潑不久的！

塞翁失馬，焉知非福；萬事都互相效力，叫愛神的人得益處。

社會上對植物人不甚瞭解，以為會帶來惡運，會傳染疾病，甚而會使房價下跌。因此聽說有人在租或買房子是要安養植物人的，多數拒絕。其間之辛苦，一言難盡，但也都一一過來了，真是感謝上帝的恩典。

聞植物人就變臉

安養植物人需要的空間比較大，為減少租金負擔，乃先到郊區找房子，可是郊區大坪數的房子不多，還是要在市內找，最後在北市杭州南路附近巷子裡找到一處出租多時未租出去的房子。

房東太太問：「你租房子要做甚麼用？」

曹慶已有多次被拒經驗，乃含糊的說：「為了照顧幾位行動不便的人。」不敢提「植物人」三個字。

每個月曹慶都提前將房租送到房東太太家，以免她來收房租而發現植物人。過了幾個月還是被發現了，房東臉色大變堅

●各種媒體報導。

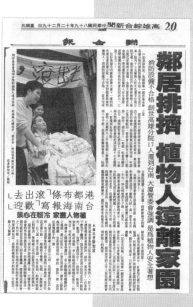

持退租。還好當時因為安養的植物人多了，房舍也不夠用，已在北平東路另外找到一處房舍，過了幾個月就搬到新址去了。

天天潑大便，天天洗

北平東路房子是買的，在四樓，同樓鄰居發現是安養植物人，群起反對，將大便用報紙包起來潑在門口，創世同工只好天天清洗，雖然辛苦，心有怨氣，也知道是何人所為，但都忍下來了。

曹慶勉勵同仁要忍，潑大便不會太久，因為現在都用抽水馬桶，大便不好撈，準備大便也不那麼容易，臭了別人，也先臭了自己，大約兩個星期後潑便停止了。雖不潑便，但卻四處告狀，給創世增加不少麻煩。

台中的植物人安養院，剛好買在一棟高級商業大樓的五樓，約有 500 坪，安養院立案及裝修都靜悄悄的進行，然後在晚上一次將所有植物人進住。大樓住戶知道了，大肆反對，不准創世員工使用大樓廁所，雇水電工切斷創世的水電。可是水電工心有不安，晚上又偷偷的將水電接回。

但終究搞不過大樓管理委員會，仍遭沒水沒電的惡運，創世護理人員只好用小水桶到外面討水。此事經媒體大幅報導，省社會處乃請自來水廠專車運水供創世使用。新聞繼續擴大，兩個星期裡中部新聞天天報，大樓管委會在輿論壓力下，只好

作罷。

斷水斷電帶來福氣

在此期間，創世曾三次被斷水斷電，都得社會同情。第一次斷水斷電新聞曝光後，創世捐款立即增加 300 萬元，第二次斷水斷電後，捐款增加 500 萬元，第三次增加 800 萬元，以致該年台中捐款超過台北。台中當年捐款多，除支援在苗栗、嘉義購買植物人安養院房舍外，尚結餘 8,000 萬元，真是因禍得福。

因禍得福是一般人的想法，在有基督信仰的曹慶心裡，他深深知道這是神在動工，感恩，阿門！曹慶在教會作見證時說：「這不僅是福杯滿溢，而是尼加拉瓜大瀑布。」

「福杯滿溢」是基督徒用語，意指上帝賜的福杯子裝不下，都溢出來了。

高雄趕、台南迎

創世在高雄辦植物人安養院，也是困難重重。基金會在高雄四維路一棟大樓買了一層，植物人進住，但立案手續尚未完成。住戶檢舉，市府限期停辦。大樓住戶拉布條：「創世滾！」這時還好台南植物人安養院的立案及房舍準備已齊全，乃將高雄植物人遷至台南。

●在各處反對下，植物人無處去，在媒體大幅報導下，獲得不少支持的聲音。高雄趕他們走，台南卻伸開雙手歡迎他們。

●來自台南支持的聲音。

　　搬遷時，植物人家屬前來協助，怒責政府，罵大樓住戶，媒體也大幅報導植物人被迫遷移的新聞，電視鏡頭更是令人心酸。媒體將高雄迫遷、台南歡迎的照片並列，標題：「高雄野蠻，台南文明」，高雄趕，台南迎。據說高雄市社會局殘障科長因此被調職。

　　在嘉義建植物人安養院，房子裝修前，曹慶主動睦鄰，開協調會、備茶點招待，向住戶說明植物人並不會影響鄰居安寧。但創世員工還是被打得鼻青臉腫，並被命令停工。由於裝修工人苦苦哀求，找工作不容易，請放他們一馬，裝修始得繼續。後來打人的瞭解植物人無害，反而常來做義工，友善多了。

　　類似的困難及麻煩幾乎處處皆在、時時發生。後來創世開始照顧遊民，情況就更惡劣，感謝神，也都一一熬過來了。

植物人喜歡上廁所？

有個國家負責內政的官員不幸成為植物人後，很喜歡並且能夠自己上廁所，被列入金氏記錄。

依照「身心障礙福利機構設施及人員配置標準」規定，植物人安養院進住人與廁所要維持 6：1 的比例，亦即收容 6 位植物人就要有一間廁所，60 床的植物人安養院要有 10 間廁所。

閉門造車的公務員

植物人大小便都是在床上解決，要那麼多廁所幹甚麼？植物人如果都能上廁所，那就不是植物人了。如果有哪個植物人安養院的植物人都能上廁所，那必可列入世界金氏記錄，台灣必定揚名世界，但這卻是我們內政部的偉大傑作。

到內政部去陳述這極不合理的規定，內政部的答覆是：「所陳留供修法參考」，但一參考就是五、六年沒有下文。

植物人安養院的設立要向地方政府登記，60 床須有 10 間廁所，申請者只有 9 間廁所，請地方政府通融一下，因為 9 間廁所已超過需要的好幾倍了。

地方政府說：「這是內政部規定，我們愛莫能助。」

少一間廁所必就須減少 6 位植物人，住在安養院的植物人都來自低收入戶家庭，由創世免費收容，如將這些人趕走，問政府可否收容照顧呢？

官員的答覆是：「政府沒此打算。」

政府不收容，而這些人又趕不走，政府有公權力，可否協助將這 6 位植物人強迫遷走呢？

官員又說：「這不是我們的職責，不關我們的事。」

照顧一個植物人，每月花費至少新台幣 5-7 萬多元，低收入戶家庭根本無力負擔，趕走就是死路一條，怎麼忍心趕走他們呢？

不趕走的結果是甚麼？主管機關會來查，少一間廁所不合規定，除要求改善外，並要罰款。

不食人間煙火的公務員給馬總統戴上了無能的帽子

這就是我們這些不食人間煙火、閉門造車社政官員的偉大，這種社政官員即使在全世界恐怕都找不到。

類似的民怨普遍存在，官員無能的帽子很快就扣到馬英九總統的頭上，總統民調只有十幾趴並非沒有原因，馬總統追求歷史定位，其任期雖然還有三年多，但他的歷史定位，現在大致已可確定，那就是兩個字：「無能」。

這樣的事，為甚麼會怪到總統頭上呢？

民間的聲音是：內政部長是總統任命的，社政官員是部長選的，總統當然要概括承擔全部「無能」的責任。

社政公務員愛心不見了

照顧社會裡的弱勢族群，本是大有為政府的責任，政府無法做，民間有人做，政府又挑三管四，一副衙門管人的嘴臉，不斷的將各種設置標準提高，不合標準就要處罰，罰到最後只有關門。

這些民間社福單位，是否都是故意違反規定呢？其實不然，因為在既有的建築物裡，即使將樓梯寬度放寬 2 公分，都是困難的。

有些規定要達成，一定會增加成本，例如有一些植物人安養院，有 4 個護理人員就夠了，但政府偏規定要 6 人。另教保人員是用在有意識的個案機構，植物人也要教保人員，從何教起？人員增加，成本增加、收費增加，受照顧的弱勢族群，無論是老人或植物人的負擔都增加。慈善團體在捐款無法增加情形下，亦只得降低收容人數。

現在鬧護理人員荒，本地服務人員招聘不易，乃進用外籍看護，但政府為保障本地勞工，規定聘用外籍看護工人數，不計入配置標準內。

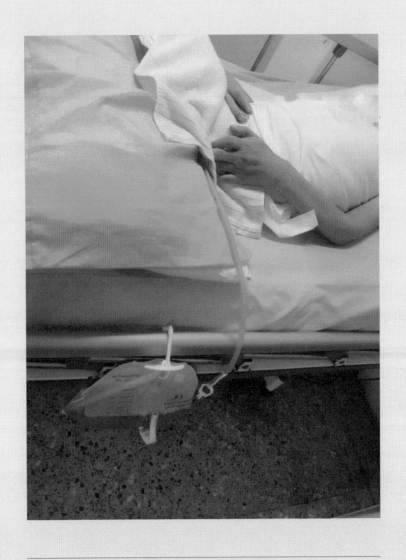

● 男性植物人小便用尿袋，女性用尿布，大便皆在床上處理。

政府只會訂標準，自己甚麼事都不做

種種法令日趨嚴格，標準一再提高，表面看似要提高被服務者的服務品質，實際上是在推卸責任，因為一旦有問題發生，政府社政單位可以大聲的說：「我們的規定夠國際水準，只是民間機構不守規定。」

由於政府一再將標準提高，單單台北市、新北市、台中市、台南市與高雄市五都，就有超過 3,600 名老人，被迫遷離安養機構，42,000 位住在安養機構的老人，負擔大幅增加，衝擊40,000 個家庭。

政府一再提高標準，使民間社福機構無法維持下去，那政府可否接手，負起照顧弱勢老人的能力呢？答案是：「沒有！沒有！」這種差勁的政府，人民怎麼會不唾棄呢？

美國法院曾有一個判例，內容是說在照顧弱勢族群時，政府若無能力負起照顧責任時，民間機構的作法就是合法的。

這個判例恐怕最適用的地方就是台灣！

第 3 篇

沒有翅膀的天使

施比受更為有福

大陸慈善家陳嘉庚：「金錢像肥料，撒出去才有用；錢留子孫，會使智者喪志、愚者益愚。」

台灣人愛心多，大家有錢出錢，有力出力，這是台灣最可貴，也最令人驕傲的軟實力。創世每年收入約為新台幣 10 億元，其中政府補助 1 億元，統一發票獎金 1 億元，其餘 8 億元，絕大多數都是小額捐款，且持續不斷的捐。螞蟻雄兵，終成大用。

有力出力的志工

有力出力的就是當志工。志工早年稱義工，意思是說不拿工資義務工作的人，後改稱志工，意指以不獲報酬，貢獻心力，幫助弱勢族群為職志的人，意涵較義工更為高尚。

創世志工有 8,000 人，因每週來當志工的時間不同，有全天的、有半天的、有天天來，也有只來一次的，平均下來每天實際到現場參與工作的人，在 300 人以上。

在創世台北總部的志工，以核對統一發票中獎及協助寄發創世通訊的人數最多，統一發票中獎最多時，一年可達一億

● 護理人員經常替植物人翻身、拍背、洗澡，久了傷腰，即使很年輕的護理人員，工作時都綁著護腰。

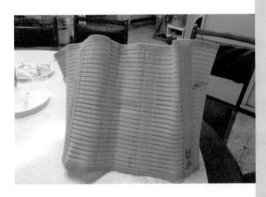

● 護腰雖是軟的，但內有金屬支撐物，蠻重的。

● 這是創世的核心天使，右起董事會辦公室副主任李月雲、副秘書長李秀娟、筆者、創辦人曹慶、副秘書長郭慧明及董事會辦公室研究員王淑芳。

元，每月寄發的月刊近 80 萬份，這些工作幾乎全由志工負責。

專心工作的志工

有次我在曹慶董事長陪同下，去現場拜訪他們，每位志工都專心工作，偶有相互聊幾句的，但人數不多，工作效率挺高的。很多志工早上 7 點多就在門口等候，曹慶董事長有次以此勉勵員工，以後員工就提前上班開門。

志工多數為年歲較長的女姓，有些志工看起來年齡不大，但一問才知都已 60、70 歲了。當志工心情愉快，身體活動，這大概是他們看起來比實際年齡輕許多的原因。

聖經上說：「憐憫貧窮的就是借給耶和華，他的善行，耶和華必償還。」又說：「好施捨的，必得豐裕，滋潤人的，必得滋潤。」這些志工為何心情愉快，外表年紀總比實際年齡小很多，這可能就是耶和華神對他們的回報吧！

101 歲及金光閃閃的志工

我訪談了幾位志工，其中最大的一位，高齡 101 歲，民國元年出生，日治時代第三女子高中（現中山女中）畢業。她當志工已 30 年，創世成立前，主要在台大醫院及鐵路醫院當志工，創世成立後就來創世幫忙，曾獲台大醫院及總統頒獎表揚。她有九個兄弟姐妹，現尚剩一個弟弟健在，其他都回天家

了。

　　另有一位軍中退役的上校，高齡 82 歲，退伍前在蔣緯國將軍的裝甲兵團工作，由二等兵一直幹到上校，來創世當志工已有 10 年，曾獲總統及內政部頒獎，在軍中時曾獲頒忠勤獎章等五個獎章。

　　這位退役上校說：「內政部頒的金牌獎，現在已改為 K 金的，從前可是純金打造的，真的金光閃閃。」他的夫人也熱心公益，曾獲頒「獅子會公益獎」，兒子在中科院表現優異，曾獲「中山之光」獎章。

　　我建議他：「將來可將這些獎章義賣，得款捐助窮困，否則留一大堆獎章有甚麼用呢？」

　　他笑著說：「賣得掉嗎？」

　　他還說：「現在市政府對連續三年，每年當志工達 300 小時以上的人，會發給『志願服務榮譽卡』，三年一換，憑卡可免費看花博（註：當時正值 2011 台北國際花卉博覽會舉行期間），連逛動物園都免費，雖錢不多，但心中甚感光彩。」

志工一家親

　　志工之間感情好，有次退役上校腎結石住院，三天沒來，大家知道了，二十幾位志工一起去醫院看他，並致贈營養品，感覺真的很好。其他志工生病，大家也都會去探望，有人往生，

大家也會去弔唁，過生日一定有生日蛋糕，甚至擺桌慶賀。

志工也常常帶自己的拿手菜來與大家分享，紅豆稀飯、蘿蔔燒雞……，過年過節每人帶一道菜聚餐，並有娛樂節目，皆由志工自己表演，志工有時也會一起出國觀光，大家真像一家人。

有位近 80 歲的女性志工，育有五男五女，兒孫滿堂，但每天早晨 8 點半到下午 4 點半都在創世當志工。

兒孫們都對她說：「創世才是妳真正的家。」

當志工不但助人而且助己，對自己帶來的益處，可能更甚於對別人的幫助，誠如聖經上說：「施比受更為有福」，應該就是這種情境吧！

求上帝醫治愛心天使吧！

聖經，耶和華神如此說：「我聽見了你的禱告，看見了你的眼淚，我必醫治你。」

來創世基金會當職工，雖有薪水，但薪水並不高，各個慈善基金會都是如此，他們付出的是精力加愛心，他們所得的是薪水加安慰。

加倍薪水也不願放棄在創世服務

一位已任某縣市創世植物人安養院的院長說：「當年，我是打電話進來應徵護理人員，由於護理人員極缺，創世的人要我立即來上班，我還說不行，還要處理一下私事。」結果，她不但第二天就來上班，而且，一做就是 20 年。

她說：「當年醫療不如現在發達，很多人在未變成植物人時就已往生。現在醫療進步，許多人被醫治回來，但卻成為植物人。所以說，醫療進步與植物人增多也有一些關係。」

這位院長夫家很有錢，公公及先生都不願她來擔任照顧植物人的工作。

公公還曾對她說：「創世給你多少薪水，我加倍給你，只

要你不去創世工作。」

這位院長不願同意，結果，公公及先生就故意斷絕她的經濟來源，甚至不給家用錢。然而，她仍奮力度日，並更孝順公婆。公婆喜歡她做的菜，她一下班就做菜給公婆吃，甚得公婆歡心。後來，還將名下許多不動產都留給她，她也常捐款助人。

先生不再反對

她的丈夫開始時也不贊成她的工作，但在參觀幾次植物人安養院後，態度發生改變，也不再反對。

愛是一切力量的源頭，聖經上說：「神就是愛。」當我們內心充滿愛時，其力如神，能感動許多的人。

現在這位愛心天使在多年勞累後，自己也病痛纏身，她罹患關節炎，起先以為是痛風，看了許多醫生未見起色。後來經人介紹去看大醫院的風濕免疫科，得知病情嚴重，必須使用一種生物製劑及類似一般癌症化療的藥，以為控制，這種藥的藥量最多每天吃 6 粒，現在她已吃到 5 粒了，前途如何不得而知，祈求全能的上帝能醫治這樣的愛心天使。

她說：「在創世植物人安養院工作，我覺得很有成就感，有時，我們會為病人取個有趣的外號，例如小叮噹、小胖之類的，當叫到他們外號時，病人會有點反應，哪怕只是幻覺性的反應，我們都會感到很安慰。」

　　她還說：「來創世工作後，我對人生看得很淡，以前也會嚮往名牌、寶石、鑽戒，現在都視這些為沒有意義的東西。現在容易滿足，人變得更有愛心及耐心。」

　　耶穌的大門徒保羅，曾經以家世、財富耀人，追隨耶穌成為門徒後，保羅說：「我已經將這一切，視之為糞土。」

　　保羅是因為滿心只求耶穌基督，而有此改變。創世的這位愛心天使院長，卻是因為對植物人的愛，而將名利甚至自己的健康，都早已置之度外，難道創世基金會也出現了一位保羅嗎？

　　其實在創世，這樣的愛心天使一籮筐。

宋阿姨廚藝高強

　　有位志工，大家稱她宋阿姨，75 歲，來創世當志工已近20 年，她廚藝甚高，因此創世總部 40 餘位志工的午餐就由她一人包辦。

　　她每天清晨到中正紀念堂運動，然後在附近的菜市場買菜，用小車子拉回來，她買菜原則上都跟同一家菜販買，是大主顧，多能買到價廉物美的菜。

　　創世總部有一小廚房，宋阿姨就在裡面獨自完成了大家的午餐，菜味道好，而且經常換菜色，只花少數菜錢，卻是豐盛的午餐，消除了志工們一上午的辛勞。

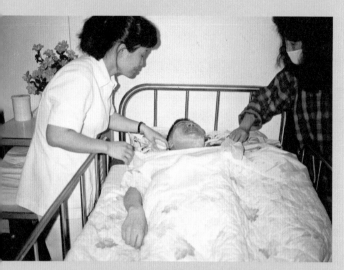

●積勞成疾的安養院院長正在為植物人活動
　筋骨。

●許桃年輕時即來到創世擔任志
　工，圖為她在為社會邊緣人盛
　熱騰騰的地瓜粥。

　　宋阿姨幾年前，因右眼黃斑部病變開刀失敗，跑遍大小醫院都沒有結果，現在眼睛用一塊紗布蓋起來，否則眼睛會乾痛，宋阿姨是每天 8 小時的全天候志工，創世就是她的家，這麼有愛心的人，真不懂上帝為甚麼不醫治她呢？

乳癌已擴散三年了！

大陸衛生部：大陸每年需要器官移植的人有 150 萬人，實際移植只有 1 萬人。

台灣等待腎臟移植的約 5,000 人，實際移植的不到 200 人。

有位已 80 歲的創世志工，1993 年丈夫逝世後，看到雜誌報導創世找志工，打電話與創世工作人員接洽，工作人員說隨時可來，結果她第二天就帶著妹妹及 90 歲的老母親一起來當志工，此後姊姊妹妹都來參加，全家四姊妹皆志工，真是有志一同的志工家庭。

急診室當志工的甘苦

在來創世當志工之前，她主要在台北市和平醫院做志工，推病床、調病歷、為路倒人洗澡換衣，甚麼都幹，一直到 SARS 來時，和平醫院臨時封院時才離開。

在和平醫院當志工六年，早上 7、8 點報到，做到下午 2 點才走。六年時間大部分都在急診室服務，因為在急診室常看到有嚴重外傷，或好像已死亡的人，大家害怕，她膽子比較大，就一直留在急診室當志工。

和平醫院急診室常見許多貧困、病重的街友，病倒路旁，稱為路倒人。路倒人多是好心民眾打電話給 119，由 119 送來醫院的，有時一天好幾位。這些路倒人，多數必須清潔身體，甚至要先洗澡換衣，醫生才能看診，這種洗澡換衣的工作看似簡單，實際上不簡單，必須要有很大的愛心才能做到，不信各位可以來試試看。

有次急診室收到一位路倒人，是喝酒倒在路上，被 119 送來，為他洗澡換衣後，他又小便一褲子，志工對他說褲子濕的，醫生怎麼看，這位酗酒的路倒人大聲的說：「妳給我再洗，這是你們志工的責任。」

另外有位路倒人，志工替他清洗乾淨後，他拿了 200 元要給志工，志工當然不收，這位路倒人說不收沒關係，但他心裡會好過一點，因為實在太麻煩志工了，這種路倒人算是有良心的。

80 歲志工罹患乳癌

這位 80 歲的志工，八年前乳癌切除，靠包水餃為生，後因手沒有力氣，不能隨包隨賣，只好在家做一點、冰凍起來，再拿去賣。生意不好有多餘時間就來創世當志工，現在水餃生意也完全停了，每月 3,500 元老人津貼是她唯一的收入，另外自己還有一點小儲蓄，不時拿一點來補貼。住的房子是一位近

80 歲女盲人的，她負責照顧這女盲人，換得免租房子住。

現在乳癌已擴散三年，她很泰然，能控制多久就多久，沒兒沒女，走了就算了，80 多歲了不打算化療。她已簽立了「大體捐贈同意書」，在逝世時遺體送給醫學院，作為解剖教學之用。醫學院學生可以在解剖實際人體時學到很多東西，所以醫學院學生都稱大體捐贈者為「大體老師」。

要當大體老師的志工

老太太說自己沒有讀過甚麼書，小學未畢業，將來能當醫學院學生的老師，也是令人安慰的事。

我和我太太蘇老師也簽了大體捐贈同意書，我們是捐給陽明大學的醫學院。醫學院教授曾跟我太太聯繫，可不可以將我們的大體捐贈同意書貼在布告欄上，以鼓勵大家捐遺體，蘇老師說好。後來醫學院教授又打電話來，說可不可以給他們一張相片，一併貼在布告欄，效果可能更好，我太太笑著說，不用了，將來總有一天你們會看到我們的。

這位老太太志工告訴我，乳癌是在花蓮慈濟醫院開刀的，醫生很親切，所以不打算換醫院。我說這樣也好，只是遠了一點。我勸她到醫院時跟醫生商量一下，可否同時吃中藥。中國五千年來都是靠中醫在治病，中國醫藥博大精深，可補西藥的不足。但不可以停止西藥只吃中藥，而要二者合一。

●新竹分院成立時，清華、交大學生組成義工隊，協助清
　潔、打掃、油漆。

　　現在很多大醫院，包括花蓮慈濟醫院在內，都有正式的中醫部，醫生多兼具西醫資歷，在同一所醫院看中、西醫，醫生彼此認識互相溝通，可以看到病歷及用藥狀況，兩相配合或許效果會更好。她說，要去跟慈濟醫生商量一下，像這樣的愛心天使志工，求全智全能的神，能看顧她們，醫治她們，阿門！

社區愛心天使站

怕老、怕病、怕死三怕,是人生最苦惱的問題;神啊!我到年老髮白的時候,求你不要離棄我。

每個國家都有老人,台灣尤其多,分布在各個縣市鄉鎮,家庭貧困無助的老人,甚至獨自痛苦生活的多有人在。

愛心天使站照顧失智、失依、失能的老人

為幫助他們,曹慶設計了「愛心天使站」,目標是在台灣每一個鄉鎮設一個愛心天使站,協助照顧該地區有需要的老人。現已設 260 個站,目標 369 個,使台灣每個鄉鎮皆有一個社區愛心天使站,照顧失智、失依、失能的在地老人。

愛心天使站設站長一人,在基金會支薪,其餘皆為志工。目標希望每一個老人有 10 位志工負責照顧,這個目標有待努力,目前每位老人約有 3-5 位志工負責,志工多與被服務的老人住處十分接近,認識瞭解多,服務起來較為方便。

志工是天使站的主幹,十分重要,申請擔任志工要經過面談,由資深志工帶著工作,有足夠經驗後才能獨自行動。遇有能力或性格不適合者,則轉至其他單位。

●愛心天使站站長揹長輩下山就醫。

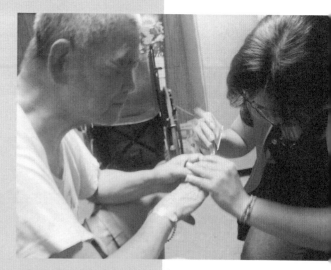

●彰化愛心天使站為失明長輩剪指甲。

　　大家可能會想，怎麼找得到這麼多合適的志工？台灣透過媒體的渲染，雖然天天皆是負面的事，但有愛心的人還是居多數，加上創世基金會已打出品牌名號，大家相信並願意參與奉獻。另外志工帶志工制度亦十分重要，當需要志工時，就會一個帶一個，很快就有不少人參加。志工服務時間很有彈性，各按所能及時間參與，容易成事。

原床泡澡

　　愛心天使站以服務 65 歲以上生活有困難的老人為主，服務項目應有盡有，最基本的服務是探訪老人、關懷老人用餐、用藥、心理及健康狀況。探訪中也會發現老人的個別需求，例如陪同看診、領藥、送餐、協助洗澡等。

　　不要小看這些服務，有的老人因為就醫不便，生了病也不去醫院，有的藥量是三個月，醫院先只發一個月，將到期時，再去醫院掛號領藥，老人因為行動不便，後兩個月的藥沒去領，沒藥吃了。

　　有的老人十幾天，甚至更長的時間都不洗澡。替行動不便或臥床老人洗澡並不是件簡單的事，曹慶發明了一種「原床泡澡」方法，在床上鋪上塑膠布圍以枕頭，使其成為一個像澡盆的東西，老人躺在裡面泡澡，舒適便捷。志工也會教家屬「原床泡澡」的技巧。

　　有的老人喜歡參加社區活動，志工乃負責接送帶他們參加。現在每個愛心天使站，皆配備一輛小轎車供使用。將來希望每個站能有三輛車，一輛可放輪椅，老人坐輪椅上下車方便甚多；另一輛為送餐車，車上有保溫設備，目前送餐是用摩托車，餐食易冷且不夠衛生。車子都由志工駕駛，不另聘司機，所以志工來面談時，一定會被問到會不會開車？或自己有沒有車？

　　政府各部門常對老人提供補助或長照服務，但許多老人及家屬並不知道，或雖聽說，但也不知道該如何申請，志工乃協助其完成申辦手續，得享補助，對窮困家庭甚有益處。志工出外服務，一定是兩人同行，避免被騷擾，或不良志工詐騙、欺負老人，但這些顧忌目前都很少發生，表示志工素質都不錯。

志工合力為獨居老人建屋

　　屏東鄉下有位獨居老太太，住在只有一張床大小的鐵皮屋裡，志工中有會建築的，也有水泥工，大家集資想為她建一個大一點的小房子，但是地主不同意。最後找到一間公共廁所，在廁所旁邊的空地上為老太太建了一個小房。許多民間公益慈善機構提供各種不同服務，天使站則為老人轉介，例如，有位老太太家有一智障孩子，天使站就將他轉介給專門收容智障的慈善機構，老太太如釋重負。

　　有的愛心天使站辦二手物品交換，有些是愛心人士捐來的物品，以衣服最多，也有全新的，是製衣工廠賣不掉的存貨。將無用變有用，把放在家裡多年、沒甚麼用的東西捐出來，低價賣給需要的人，真是物盡其用，天使站又可用以幫助貧困老人，互相惜福。

　　現在愛心天使站規模不大，只有一位站長，其他皆為志工。希望將來有一天，天使站能擴大 10 倍或 20 倍，那麼台灣各鄉鎮縣市的貧困老人皆能得到服務，尤其是失智、失依、失能老人，那該是多美好的事呀！

奶奶，不要怕，我們都在這裡！

聖經：「不要害怕，因我與你同在；我總不撇下你，也不丟棄你。」

有位老太太靠賣大蒜頭為生，是愛心天使站服務的對象，後有多日未見她擺攤，也找不到人，最後打聽到老太太因大腸暴裂，肝、腎皆衰竭，養女將她接回家等待往生。

我們都在妳身邊

天使站站長帶領許多志工去看她，對她說：「奶奶，不要怕，我們都在這裡。」

老太太已不能言語，但仍有意識，直流著眼淚，點點頭。過世時志工們送她最後一程，志工們雖心中難過，但對老奶奶能安息，而志工都曾參與老奶奶生前照顧，心中也有不少安慰。

不再上吊

有位老太太健康不佳，欲上吊自殺，鄰居發現馬上聯絡天使站，站長及志工馬上趕到。老太太上吊繩子都準備好，並已

● 陪老奶奶散步。

● 北斗愛心天使站替失能
　奶奶原床泡澡。

● 愛心天使站為老人按摩。

將繩子套上脖子，但這時她猶豫了一下，最後放棄上吊。

志工來了，對老太太說：「妳為甚麼要這樣？妳不是一個人，我們都在妳身邊。」接著又問她：「最後，你為甚麼猶豫了一下沒上吊？」

老太太說：「當時想到你們這些志工知道了，心中一定會難過，所以才作罷。」

這件事充分反應，天使站的志工與被服務的老人間已建立了良好的互動關係，自己上吊尋死時，也會想到對不起志工，會讓志工難過而放棄。

有位老先生，大陸隻身來台，未婚，生活十分貧困，天使站志工經常去看他。每當志工電話告之要去看他時，老先生都會跑到巷口等志工，把志工當親人。後來車禍瘸腿，行動更為不便。

逝世前，志工守在他身邊對他說：「爺爺，下輩子我們還會在這裡服務您。」

爺爺流著眼淚點點頭，走了。

對慈善機構失去信心

有人告訴天使站某處有位老太太，家有三人，情況很糟，請天使站去關心一下。天使站派志工去關心，表明提供服務。

老太太門才開一點，就將門關上並說：「我們不需要。」

　　第二次再去又吃閉門羹。第三次去時，曹慶說帶點水果去慰問，又被拒絕。

　　曹慶問志工：「水果如何帶去的？」

　　志工說：「拎在手上」

　　曹慶說：「拎在手上別人看不見。」

　　第四次志工去，乃將水果舉得高高的，並說：「奶奶我們給你送水果來。」老太太這才開門。

　　老太太心防被突破，開始相信天使站的人，從此甚麼事都找天使站幫忙。

　　志工後來問她：「為甚麼多次拒絕我們的服務？」

　　老太太說：「以前曾來過很多人，說要提供協助，每次都問東問西，結果甚麼服務也沒有，讓我失去了信心。」

　　這位老太太已80多歲，有個年歲不小的智障兒子，另有一位從大陸一起來的老管家，老管家本身疾病纏身，不但不能協助管家，自己也需要別人幫忙照顧起居。

　　老管家後來往生了，天使站將智障兒子轉介到其他專收身心障礙的慈善機構去，並幫忙申請到一些社會補助，老太太日子才好過多了。逢年過節志工會將智障兒子接回來，與老太太住幾天，老太太甚是高興。

逢年過節是老年人最難熬的日子

天使站的經驗，逢年過節是老人家最難熬的日子，因為孤單，思念子女，又覺得自己來日無多，悲感交集，常因此病倒而往生。

另外，還有一些事情對老人心理的影響也比一般人要大很多，例如，中國人常認為當年紀逢九，如 79 歲或 89 歲，是個關卡，不容易過。因此逢九的年歲時就擔心往生的事，結果真的過不了關。因此照顧老年人，幫助他們有良好正面的心理建設就十分重要。

到老人家去提供服務時，按門鈴要多按幾次，因為許多老人耳朵重聽，聽不見。有時聽見了，因為行動遲緩，要等十分鐘才走得到門口，沒有經驗的志工常以為老人不在家，而錯過該有的服務。

人們常說人老了需要有老伴、老本、老友，再加上健康的身體，年老時日子才不會太難過，但這是可遇不可求的。當這些條件都沒有時，老人的境遇會慘上加慘。人人都會老，所以大家都應該對有困難的老人多獻愛心，愛心天使站是很好的設計。

受施慎勿忘

風塵女從良後對先生說：「如果沒有遇見你，我將在哪裡？感謝上蒼讓我擁有你。」

一個貧困家庭如有個植物人，全家會陷入不知所措的困境，現在有家民間慈善機構展開雙手說：「不要懼怕，請把植物人送到我們這裡來，有專業又免費的全年照顧。」

會不會感激涕零

如果我就是那個家庭，我會如大旱之降甘霖，甚至會以為聽錯了，我的痛苦全都解決，我會「感激涕零」。

我把上面的心情告訴創世基金會的同工，問他們：「家屬一定都很感激你們吧？」還半開玩笑的問：「會不會『感激涕零』？家屬們都如何表達謝意？」

她們笑著說：「感謝是有的啦！但不會『感激涕零』。有的家屬會在特定的日子，例如，逢年過節或植物人過生日時，寫張卡片來表示謝意。」

施恩慎勿念，但助人如都能獲得熱情感恩的回報，那將是莫大的鼓舞，所以在我們受人之惠時，千萬不要吝嗇感謝的言

語，這才是受恩慎勿忘的道理。

創世基金會每年約需 10 億元經費，其中 1 億元是政府補助，1 億元是統一發票獎金，其餘 8 億元都是善心人士捐款，基金會支薪的職工 600 餘人，志工 8,000 餘人，這些都是我們要大大感謝的人。

一個充滿大愛，充滿知恩感恩的社會，是安和樂利，大有希望的社會，反之，那就不好說了。

真正感恩的人似非多數

不知感恩的人究竟多不多？沒有正式統計，就各公益慈善機構感覺式的統計，受助者，真正感謝的人並不是多數。這是不是與國人比較保守，不善表達心中感情有關，則不得而知。

就以創世基金會免費照顧植物人來說，是連政府都未能做到的事，許多慈善人士大有愛心，但也不敢辦免費植物人安養院。我與幾位好友創辦了四個慈善基金會，但我們也不敢碰植物人這一塊。所以創世基金會的努力與貢獻值得我們鼓掌。

可是家屬是否都有從心裡發出感謝呢？未必都有，有的連小掌聲都沒有，大家是不是對我們的社會感到有些遺憾呢？

有的家屬認為創世工作人員，尤其是家屬經常接觸到的護理人員，認為她們的服務是應該的，因為她們有拿薪水，言下之意，好像若不是他們把植物人送來，這些護理人員可能就

失業了，這樣講，這些終日辛苦的護理人員反要向植物人家屬「感激涕零」囉？

狗咬呂洞賓

有個年輕孩子，車禍成為植物人，為創世收容，孩子經過細心照顧，慢慢恢復意識，可與他人玩剪刀石頭布遊戲，而且常獲勝，孩子母親天天來陪伴。這種情況的孩子已不是植物人了，創世不能再繼續收容，更重要的是，應該將孩子送到醫院復健，有機會可以成為正常人，雖然創世多次規勸，但這位母親始終不肯將孩子送往其他復健中心去接受治療，甚是可惜。

這樣拖了三年，有次孩子生病送醫，病好了回創世時，母親發現兒子床位旁邊另有一位需緊急處理的植物人睡在一張臨時可移動的床上，以為是要來佔她兒子床位的，生氣的將孩子帶走，立刻找她熟悉的記者，開記者會說：「創世趕植物人！」報紙登得大大的，其實那張移動床只是暫時放一下，並不是來佔位子的。即使是來佔位子也沒錯，因為她的孩子已不是植物人，創世本來就可以拒收。

現在有失專業的媒體及記者太多，不分青紅皂白就亂登一通，這位太太的孩子多年接受別人免費照顧，以致有復元的機會，非但不知感恩圖報，還要重重的傷害照顧的機構，世界上不公義的事實在太多了。

● 這位可能是台灣最長壽的中醫
師，在玩他集的郵票。

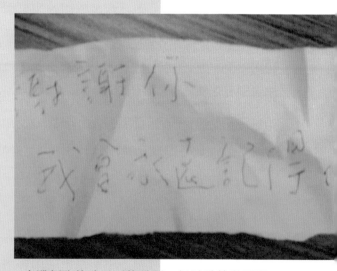

● 中醫師臨終時已不能言語，但以手勢表示要
寫字，很吃力的寫下「謝謝你，我會永遠記
得你」，讓服務他的創世員工感動不已，發
誓要服務更多有困難的長者。

志工的安慰

張大千：「分一點給別人，等於自己減輕了負擔。」

金門有位國中二年級男學生，因為搭乘別人的摩托車發生車禍，從金門用直升機送來台灣的醫院開刀，命是保住了，卻成了植物人。這位男學生的家庭貧困，尚有弟、妹，因此大家意見分歧，有主張放棄的，但母親堅持要讓兒子活下去，即使是植物人也甘願，最後被創世收容。

照顧植物人且關心家屬

這位母親與丈夫已分居，丈夫從未來看過兒子，母親在創世植物人安養院附近租屋居住，以便照顧兒子。但家庭經濟困難又無工作，即使是租最小最便宜的房子，租金仍是沉重負擔。

創世的同工便訓練她照顧植物人的技術，通過看護服務員認證考試，留在創世服務，有了工作經濟情況才有改善。

孩子來創世時，毫無知覺及反應，但在創世及母親細心照顧下，半年後開始有知覺反應，給他糖吃，會笑著表示喜歡，威脅他若是不乖，要把他趕走，會有恐懼感，母親對著耳朵跟

他講話，也能簡單溝通，大約有兩、三歲孩子的智商程度。

此事經媒體報導後，各界紛紛捐款，孩子母親經濟情況略為好轉，遺憾的是，這個孩子現在已 30 歲了，情況並無進一步的進展。

創世同工說：「看到這位植物人恢復意識，我們都覺得很有成就感，但初步恢復後，十多年來毫無進展，不免教人有些氣餒。」

父精神障礙母植物人怎麼辦？

有個低收入戶家庭，母親是植物人，父親有精神障礙不能工作，全家只靠女兒在工廠當會計維生。創世的人去探訪時，發現其母衣不蔽體，只蓋一條毛巾，骨瘦如柴，大概只有 30 多公斤。父親精神障礙，褲子裡有大便，在房間裡走來走去，這副景象，我們雖然沒有親眼目睹，但也不難想像那種令人同情的畫面。

女兒說：「我實在也沒有辦法，只能利用中午休息時間回家餵食並看他們一下。」

後來，創世收容了植物人母親，女兒乃專心照顧父親。植物人母親在創世細心照顧下，變得白白胖胖，與從前判若兩人。女兒有段時間未與母親見面，來創世時，差點認不出母親並問：「這真的是我媽媽嗎？」

對此，創世同工非常有成就感。

植物人承諾當志工

另外有位 25 歲男性，車禍，醫院鑑定為肢體障礙，六個月後再鑑定為植物人，入住一家民間安養機構，服務很差。體重只有 36 公斤，安養中心說有按時餵食，但說他會瀉肚子，所以才這麼瘦。身上長了六個褥瘡，顯然沒有替他翻身，但安養中心卻說有。有些私人安養中心，為了營利，對植物人的照顧偷工減料，常有發生，所以選擇私人安養中心，一定要先細心的多方瞭解。

這位男性後經人介紹住進創世植物人安養院，兩星期後，開始會咬鼻餵管，再一個月，會自己拔掉鼻餵管，護理人員不得已只好將他的手綁起來。

護理人員對他說：「如果你不拔鼻餵管，我們就不綁你的手，還會餵飯給你吃。」結果他真的就不拔了，餵食時也會自動張開嘴。一年後轉到一般復健單位去復健，他還承諾將來好了會回來創世當志工。遇到這種情形，創世同工當然是異常興奮。

台灣鑑定植物人比日本寬很多

這個例子可能會使大家認為，植物人也有可能被醫好的，

只是機率很低而已。其實這與鑑定植物人的制度是否嚴謹有密切關係。在日本對植物人鑑定有極嚴格的標準，所以在日本幾十年來，只有一個復原的案例。

在台灣植物人恢復知覺的案件比較多，並非台灣醫療水準比日本高，而是我們鑑定植物人的標準比較低使然。

鑑定植物人在日本至少要觀察 18 個月，但台灣有位醫生在兩個星期內就鑑定當事人為植物人，送到創世來，幾個月後就恢復知覺。

有人問醫生：「當時為何那麼快就認定他是植物人？」

醫生說：「我知道他不是植物人，但那個人的家裡非常窮困，絕對沒有能力送到其他適當的地方醫治，最後也是死路一條。鑑定為植物人，就可以送到創世，一切免費，一段時間後或有活命機會。」

●創世基金會的「獨居老
人問安中心」，每天對
獨居老人電話問安，除
解決老人不少困難外，
也使老人減少寂寞感。

●全省志工在苗栗辦誓師
大會，約 600 多位志工
參加。

●志工定期聚餐、慶生。

愛心處處飄

聖經:「好施捨的,必得豐裕;滋潤人的,必得滋潤。」

創世基金會免費收容低收入戶植物人,解救無數植物人脫離苦海,現在照顧一個植物人,每月經費約 5-7 萬多元,這些經費都是來自民間愛心人士的奉獻累積所成。創世照顧植物人有成,愛心人士持續的小額捐款是最重要的支持,感謝這些平凡的大愛人士,上帝一定會紀念他們的善行的。

愛心處處飄募款

創世經常藉各種活動募集款項,但全國性的大型募款活動只辦了四次,都很成功,參與策劃、動員人力,深入民間廣為宣傳的幕後英雄不計其數,第一次募款,動員的志工即達 3,000 人。

這四次全國性的大型募款活動,定名為「愛心處處飄」,象徵著台灣人民的愛心無處不在。

首次募款大為成功

第一次「愛心處處飄」活動規模最大,在 1987 年以義賣

氣球為主軸，深入民間，響應的單位不計其數，其中最重要的是國民黨的支持，當時國民黨幾乎動員了各地縣市黨部參加，雲林縣黨部義賣氣球得款 59 萬元，並辦感恩舞會來感謝大家，參加舞會的人又再捐款。

高雄鳳山市為慶祝升格 15 週年，特舉辦青春雷射舞會，請知名演藝人員參加，會中大賣愛心氣球。

獻愛心不分老幼

有位 91 歲的牛姥姥，曾是台大護理督導，也參加志工行列賣氣球。

牛姥姥說：「我賣氣球很容易，我只要笑一笑，露出僅剩的大門牙，別人就會買我的氣球。」由於 91 歲的老奶奶也上街賣氣球，感動了許多人，都慷慨解囊。

也有幼兒跟著媽媽上街賣氣球，媽媽吹氣球，小女兒拿著送給騎樓下的人，再跑回去跟媽媽拿球。路人看著活潑可愛的小女孩，問其母，知道是義賣，都紛紛掏錢出來，義賣成績第一名。小孩子從小就能養成獻愛心的習慣，這將是一生用之不盡的資產。

義賣氣球各有招數

有位男士買了一輛當時十分拉風的吉普車，帶著群眾在台

「愛心處處飄」在報紙刊登的訊息。

為清寒植物人安養募款,第一次義賣氣球,募款最為成功,得款用以購買第一所植物人安養院。

南市義賣氣球，路人好奇，圍觀吉普車，球也就賣出去了。

北一女中同學也參加義賣，她們穿著綠顏色的招牌制服，吸引很多人，台北市中山女中派出 120 位同學參加義賣，全台最優秀的學生都出來了，使愛心處處飄義賣氣球活動，更獲得了大家的肯定。

計程車也不落人後，除組織計程車大隊，壯大義賣聲勢外，並在計程車後座上貼愛心處處飄活動的貼紙，提醒乘客多買氣球，救植物人。

有一位教授義賣氣球，求好心切，全家六人晚上吹氣球，預備第二天可以好好的賣，因為怕買的人太多，來不及充氣。結果家裡堆滿了氣球，人走都走不出去。雖然此舉並不需要，因為替氣球充氣不費甚麼時間，但仍由此可以看出民眾的熱心，令人感動。

華航是最大功臣

這次義賣氣球，最大的功臣是中華航空公司，他們率先捐了 300 萬元，使活動經費有了著落，華航又捐了 20 張國際頭等艙的機票供摸彩之用，使活動熱了起來。

這次募款活動，共募得 964 萬元，此款用來創辦第一所自有房屋的植物人安養院，地點在台北市北平東路，現在文化部附近。當時這一層房屋要價 1,200 萬元，募款尚不足以支應，

一位到工僅三天的志工知道了，表示不足之款他可以借，真是愛心處處飄。

在此之後又辦了三次全國性的募款活動，一次義賣愛心原子筆，一次義賣愛心茶包，第四次義賣供人記電話號碼的小電話簿。

慈善機構的愛心工作，是靠眾多愛心人士捐款始得以進行的，但辦大型募款活動並不簡單，並非所有慈善機構都有能力，因為政府對大型募款有嚴格規定，動員的人力也十分可觀。稍有不慎，有所缺失，立刻受到質疑，尤其在財務收支上不能有任何瑕疵，否則立刻被懷疑有私吞善款或虛報支出之嫌。

但是創世四次的募款活動，都處理得清清楚楚，尤其第一次義賣氣球活動，當時創世才開創年餘，根本不具備辦全國性募款活動的能力，但卻辦得有聲有色，真是不容易，令人欽佩。

善與惡

愛因斯坦：「黑暗並不存在，只因缺少亮光；寒冷並不存在，只因缺乏溫暖；邪惡並不存在，只因缺少了愛。」

創世基金會每年的收入，有 10% 來自各界所捐統一發票的中獎獎金，創世乃在許多商店櫃台或門口放置統一發票投擲箱，箱子是透明的，有上鎖，上署「順手捐發票，救救植物人」。

打破箱子偷發票

每個箱子，定期由負責的志工去收發票，這些志工都稱為「植愛園長」，每個人負責收幾個靠近自己住家附近的發票箱。

有個放在台北市和平東路一處的發票箱，被人打破 12 次，發票被偷。有次一位志工去收發票，看到一位年約 70 歲的婦人，人高馬大，牽著一條名犬，似是有錢的婦人。

商家店員小聲的對這位志工說：「打破箱子的就是這個人！」但是這位志工瘦小，面對人高馬大的婦人也不敢說甚麼，因為並沒有現場抓到她偷發票。

有次，她又去收發票，旁邊睡了一位遊民，抓住她的手說：

「偷發票！」

志工說：「我是創世的志工。」還拿證件給遊民看。

遊民說：「證件可以影印，不算。」

旁邊超商店員也出來證明她是志工，經常來收發票。但是這位遊民非但不接受，且強迫超商店員打電話報警，警察來看了證件，這才還她清白。

另有一次她正將發票收進塑膠袋裡，有位婦人騎腳踏車經過，一把抓住她的發票塑膠袋想要拿走，拿不走，婦人乃誣指這位志工在偷發票，志工出示證件，並表示要打電話請警察來處理，婦人才心虛的走了。

一箱發票能中多少獎金，創世統計平均一張 9 毛錢，運氣不好時，可能一張也沒中，而且獎金是用來救清寒植物人的，但還是有人動歪念，人心真是不古。

箱子裡有愛心紅包

但是也有可愛的一面，有個放在超市門口的發票箱，經常有人丟紅包進去，小則幾千元，最多一次丟了 10 萬元紅包，同一個發票箱，半年裡收到 43 萬元紅包。

紅包真的是用紅色封袋裝著的，有次有個紅包是一個印有公司地址電話的信封袋裝的，志工乃打電話去問：「你們公司裡，有沒有人住在這附近？」

●某位志工在收發票時，屢次發現內有紅包，
　累積金額已達 50 萬元，但她都不動心，如
　實報繳總會，是誠實又善良的愛心天使。

●發票箱收到的紅包。

公司的人說：「有，請問有甚麼事？」志工也不敢講。

後來志工在發票箱上貼了一張小紙條，寫著：「愛心人士，請與創世聯繫！」但始終沒有人來聯繫。推測應該是一位為善不欲人知又十分認同並信賴創世慈善工作的人。也許有天可以揭開面紗，認識這位大善人。

人心的善與惡

由捐發票的事來看，人心始終有善有惡，善惡的比率可能是一條常態分配的曲線圖，非常好與非常壞的人居於曲線的兩端，比率不大，多數人在曲線中央，有人偏善一點，有人偏惡一點。

就像這位收發票的志工，對幾十萬元的紅包一點都不動心，如數繳回創世，由創世發給收據及謝函，只是這些收據及謝函都寄不出去。這位志工如動歪腦筋將紅包私吞，是不會有人知道的，但卻如數陳報，真是有志氣的好人。

有位發票組的女性志工，退休後即來創世當志工，一當就是十幾年。她與創世一位植物人安養院院長，患有同樣的「風濕性關節炎」，手、腳有關節的地方都會痛，左手已變形。但人很樂觀，她表示自己必須與風濕性關節炎共存亡，不可能拋掉它的，因風濕性關節炎是很難醫治的病痛，即使如此，她還是每天來創世當志工，愛心之大，令人欽佩，也讓許多為非作

歹的人，大感慚愧。

　　善惡之心人皆有之，大善之人，過去也可能做了不少邪惡之事；大壞之人，將來也可能會變成大善人，這就是我們常說的「聖人也有過去，惡徒也有未來」。

●台北科技大學教師擔任志工在收發票。但也有人將發票箱弄破偷發票，社會有善人亦有惡人。

順手捐發票，救救植物人

印度一個滿身是蛆、流浪街頭、奄奄一息的婦人，被安置在德蕾莎修女創辦的「垂死之家」，受到很好的照顧，這位婦人臨終前說：「我一輩子流落街頭，豬狗不如，今天我才活得像人，謝謝妳們。」說完不多久，就斷氣了。

發票是商家賣東西時，開給顧客的收據。顧客可以作為記帳、報銷、佐證的憑證，政府則可據以對營利事業課稅。首先是據以課徵營業稅、印花稅（現已不課）、貨物稅，企業有盈餘時課徵營利事業所得稅，盈餘分配給股東，再課綜合所得稅。幾個大稅都是以企業開立的發票營業額作基礎。商家故意不開發票，也成為逃漏稅的主要方法。

統一發票立大功

政府為統一管理乃訂有統一發票管理辦法，從印製發票到發交，都有一套管理制度。此外為鼓勵消費者踴躍索取發票，乃有統一發票給獎的制度產生。統一發票變得有點像彩券一樣，但由於獎額不大，許多人都懶得對獎，除有記帳等需要外，常隨手棄置。

●鐵馬隊募發票。

●發票箱。

●整理發票。

因此乃有慈善機構在各處設置小箱子，鼓勵大家捐發票，做得最好的就是創世基金會，他們的箱子有大、中、小三種，約有 4 萬個，分別放在適合的地方，箱子上寫「順手捐發票，救救植物人」。

發票個別獎額雖不大，中獎機率也很低，但積少可成多。以創世基金會為例，2011 年共募得發票 1 億多張，獎金近 9,000 萬元，自 1993 年開始迄今，累積募得發票 9.5 億多張，累積獎金 8.9 億元，平均一張中獎 9 毛錢。創世目前 16 所植物人安養院，就有 9 所經常開銷靠發票獎金。

聚沙成塔

許多事看似渺小或微不足道，但眾志成城就能聚沙成塔，成就大力量，做出偉大的事來。

募統一發票構想始於《宇宙光》雜誌，每年定期募集，創世基金會仿行，但改為在各公眾場所放置發票箱。最初發票是利用別人送的小紙盒子，在上面挖個洞使用，紙盒用完乃改為透明塑膠箱，先放在車站、加油站等地。

後來看到超市、便利商店等付帳的地方，有放小盒子供人捐硬幣幫助窮困，乃洽各商家或公共場所放置發票箱，有的店家歡迎，有的勉為接受，有的拒絕，也有主動來邀請的，同樣的事，反應卻頗為不同。

創世全台設置有 4 萬多個透明發票箱募集統一發票；另利用寄收據給捐款人時，附上印有創世地址的捐發票信封，願意的人可將發票放在信封內寄回，但郵票要由捐發票者自貼。創世會在信封上提示，多少張發票大約要貼多少郵資供參考。但仍有人郵資貼不足，創世每個月大約要付這種欠資郵費約 1 萬元。

統一發票對獎有門道

對統一發票，一、二張簡單，如果是千百萬張，就不簡單了。首先要將發票箱及函寄來的發票整理，按月份顏色及發票尾數字碼分類，末尾數字 0 者放在一起，其他亦同。中獎號碼尾數如為數字 6，則只需要對尾數是 6 的發票，其他數字就無需再對獎，省了很多人力。

志工對中的發票要填複寫的二聯式聯繫單，上面註明中某種獎的張數及金額，簽名後交給出納。對獎多由年長可靠志工負責，熟練的志工對的快又準，有位女性志工十分熱心，每天都早到晚歸，她一年對到的獎金約有 400 萬元，大家稱她為中獎大王、績優志工，每年都表揚。

在捐統一發票這項愛心工作上，我們也能看到人性的善惡面。隨手捐發票的人、定期郵寄發票的人、同意放置發票箱的商家、對獎的志工，這些都是有愛心的人。有的公司將收集的

● 鐵馬隊上街募發票，志工去定點收發票及整
理發票，準備對獎。

● 高雄市長陳菊來為創世高雄安養院募發票拍
公益廣告，但可惜的是，高雄安養院的申請
案，仍躺在高雄市政府多年沒有下文。

發票先對獎，然後將中獎的發票寄給創世。

　　憲兵司令部為慶祝建國百年，發起憲兵同志募集百萬張發票給創世，也有學校辦統一發票園遊會，校長帶頭捐發票。社會上類似捐發票等動人的事經常可見，這都可以看到台灣人民善良的一面，形成一個全民自動、愛心龐大的社會慈善運動。

　　但也有惡的一面，例如有人捧著創世基金會的發票箱四處向人募發票，然後拿回家去對獎。有人故意將發票箱踢破，偷取發票。創世基金會裡也曾發生員工偷取已中獎的發票，去銀行領獎時，被發現退回後解雇，這些都是惡的一面。

獎金提高，捐發票減少 40%

　　另外，自從統一發票獎金提高到 1,000 萬元，以及電子發票代對，獎金自動入個人帳戶，不需要自己對獎和領獎了以後，創世每月獲捐的發票大量減少，有時減少 40%，而且還在持續下降，讓基金會憂心不已，希望財政部不要將獎金拉得這麼高，應該化大獎為小獎才對。

　　獎額小的時候，一來反正對不到，二來就算對到了也沒多少錢，很多人懶得對獎，發票捐了算了。這種心態下捐發票的人，說他愛心不夠，似乎有點那個，但若說他很有愛，也有點那個。究竟愛心有多少，就看發票獎金提高後，他還捐不捐！

　　創世募發票有成後，自動勸其他社會福利機構夥伴也來

募，但多持懷疑，曹慶見屢說不應，乃採電視上徵信，說一年中獎已超過新台幣億元，這下才引起 300 多家上街設箱，其不僅為自己基金會，也想到同伴，誠屬可貴！

第 **4** 篇

我們是街友不是遊民

不再流浪了！

不要怕吃苦，怕吃苦，就一輩子吃苦。

　　一個人成為街友，背後多有不同的原因，並非一般想像的，都是一群自甘墮落不求上進的人。有些人成為街友已有 20 年以上歷史，想幫助這些人回到正常生活十分不易，甚而事倍功半。但是對於剛要成為街友，或成為街友不久的，根據創世服務街友的經驗，此時若給與適當的協助，成功的機會很大。所以創世對於改造此類街友，花了不少心力。

並非都是自甘墮落

　　社會上有不少慈善機構，除服務的重點不同外，多數都有一定的門檻，條件不合就無法得到服務。因此創世乃成為這些走投無路人的亮光，因為創世收容街友，並無預設條件。

　　有位年輕人在國外犯下殺人罪，服刑 20 餘年後返國，因已沒有護照、身分證，不得入境。當時離過年只有兩三天了，向社會局求助，無能為力，乃找上創世。在平安站住了幾個月，找到一份保全工作，因薪水低，無力租屋，仍繼續住在平安站，一年後有能力了，出外租屋居住，恢復了正常生活。

●地下道、打烊後商店門
口,都是遊民解決睡眠
的地方。雖然沒有床,
但睡得香,這比住豪宅
卻輾轉難眠的人要好很
多。

●遊民睡覺中。

●遊民沒有床,依舊可以
入睡。

　　還有個年輕人，家境富有，在家是小霸王，性格扭曲，30歲仍不出去工作，窩在家裡，是典型的靠爸族；後來父親病逝，親人不接納他，漸罹患憂鬱症及恐懼症，沒有其他慈善機構可以收容他，只能成為街友，經社會局社工人員介紹來到創世街友平安站。剛到時，他不與人講話，經常低頭看地下，也不敢正眼看人，在平安站住了十個月，漸漸恢復正常，經介紹到一家洗衣工廠工作，月入兩萬元。這位曾被大家認為是廢物的人，經過輔導，給予必要支持，不再向下沉淪，成為有用的人。

平安站有平安

　　筆者曾在平安站碰到一位街友，現在已找到正常工作。

　　我問他：「為甚麼會成為街友？」

　　他說：「父親過逝，服完兵役後，我也曾努力打拚過，經營小生意，但多次失敗，加上兩度離婚的挫折，使我開始放棄了生命，寧願與其他街友睡公園，到水果攤找丟棄的水果裹腹，也不想找人幫助。」

　　後來，他來到平安站，平安站的人不把他當街友，而以志工身分看他，在這裡，他可以開車、發便當，重拾人性尊嚴，現在也開始擺地攤、賣成衣，恢復了正常生活。

　　他說：「許多人之所以淪為街友，原因就是『自我放棄』，當一個人放棄自我了，想幫助他就很困難，我自己就是如此。」

他又說：「街友其實最需要的不僅是物資，更需要精神的支持，我們需要有人聊天，被人們正眼看待，才能找回人性的尊嚴，自我放棄的心態自然也就能得到醫治。」

這位街友的心聲值得我們注意。

街友也需要鼓勵

有一次我在創世曹董事長陪同下，去探訪平安站，看到一位街友，一個人在廚房準備近百人的午餐。

我對他說：「你真了不起！」他聽了很開心。

中午用餐，我也客串一次街友，一起領餐盒用餐。

指揮發餐盒的志工也是街友，發號司令時頗有模樣。領餐盒前，街友都先坐好，然後排隊領餐，領到餐盒後不能立刻開動，要等大家都領到餐後，由那位指揮的志工街友說：「開動」，大家才開始吃飯，頗有一點軍隊的味道。飯後，各人處理自己的垃圾，並清洗碗筷。他們守規矩的程度，比很多家庭驕寵的孩子要好很多。

我用完餐後，拿著空碗，對那位燒飯煮菜的街友志工說：「你看你做的飯多好吃，我都吃光了！」他聽了十分開心。

我在想，鼓勵使人向前，街友需要鼓勵，因為他們知道，他們是一群被人看不起的人，當有人看得起他、稱讚他，人性尊嚴油然而生，脫離街友的困境乃有可期之日。

三溫暖洗澡車

人在大的天然災難之後，最需要的乃是一份溫暖的熱食。

當曹慶欲為遊民解決洗澡問題時，先做了不少準備功課，因為曹慶並不真瞭解遊民狀況。當時台北市遊民多數集中在兩處，一在當時的三水市場，另一處在和平西路與康定路交叉口處。

觀察遊民三個月

這兩處有很長很寬的地下道，有廁所，其中一層為地下商場，約有十多家小商店，遊民在商家打烊拉下鐵捲門後，就沿著小商店門口，以瓦楞紙板墊在地上睡覺，通常都沒被子，冬天則穿厚衣，或以外衣當被蓋。早上起來，將瓦楞紙板堆積在一個角落上，這就是遊民解決睡覺的方法。

這些小商店不反對遊民在門前睡覺，甚至還歡迎。因為這些遊民等於是小商店的保全人員，商店不怕被偷。

為瞭解遊民作息，連續有三個月時間，每週一兩次，曹慶去小商店遊民夜晚聚集處，也以瓦楞紙板為墊子靠牆坐著，也不講話，觀察遊民。有次警察來吹哨驅趕，遊民都趕快跑走，

● 曹慶為解決遊民冬天熱水洗澡問題，早年是提供流動的洗澡車，現在不少
地方設有專門服務遊民的平安站，遊民可在屋內洗澡。只有在未設平安站
的地方，才使用三溫暖洗澡車提供服務，而且現在的三溫暖洗澡車也較以
前進步美麗。

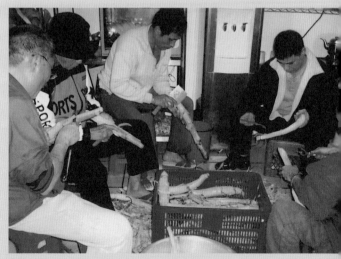

● 設在新竹的平安站，街友在整理蔬菜。

只有曹慶坐在那裡，警察問：「你為甚麼還不走？」曹慶說：「我不是遊民」，並表明身分，警察才沒有追究。

冬天洗熱水澡是遊民的最大嚮往

觀察了三個月，知道洗澡確實是遊民的重要需要，因為久不洗澡，非但自己不舒服，而且髮亂、腳黑，樣子骯髒、邋遢。曹慶乃邀六、七位志工商量如何解決遊民洗澡問題。最初想到在附近租一小房子，供遊民洗澡，但是當屋主知道是供遊民使用，沒有一家肯租，所以租屋洗澡行不通。

志工們後來又想到，商家打烊後可否在街上騎樓用塑膠布圍一小洗澡間，但在哪裡圍，店主一定都反對，洗澡水哪裡來，在在都是問題，此議亦不可行。

最後大家去買了一輛二手小貨車，將車頂拉高，可在裡面洗澡，但水從哪裡來？有位志工剛好有位親戚在附近開店，甚有愛心，同意由家中拉一條水管供水，創世備有瓦斯桶燒熱水，這樣洗澡車乃成功了。因為來洗澡的遊民，除身體洗乾淨了，且換了乾淨衣服，並可獲一份食物，三種溫暖集於一體，故稱為「三溫暖洗澡車」。

有次志工們說：「今天晚上，曹慶董事長要去三溫暖了！」

一位新來的志工說：「董事長去洗三溫暖，傳出去不太好吧！」經大家解釋後，才哈哈大笑。

遊民不相信有人願意提供他們洗熱水澡

洗澡車好了，接著就是要找顧客，可是沒有一個遊民相信，願意來洗澡，因認為不可能有這種好事，或認為有甚麼不良企圖，都拒絕來。

有天晚上，創世志工來到遊民聚集處，有一老一少遊民坐在那裡，志工告訴他們有熱水洗澡。

年長遊民對年輕遊民說：「天這麼冷，半夜三更有人會燒熱水給我們洗澡，你相信嗎？這可能是有心人想利用我們，我勸你不要上當。」

正要放棄的時候，有位志工向年輕街友遞上一支香菸、點火，拉上了關係。

年輕的遊民說：「我願意試試，但我要求只能有一位志工陪我去，其他人不准跟來。」於是，年輕遊民洗了熱水澡，頭髮流出一灘黑水，洗好後，再換上愛心人士捐來的乾淨二手衣、鞋子、襪子，志工另外又給他一包食物帶走。

回去後，年長遊民問年輕遊民：「要不要錢？要多少錢？」

年輕遊民說：「我身上一塊錢都沒有，免費的。」

年長遊民說：「這是真的嗎？」在半信半疑、半推半就情況下，這位年長遊民也去洗了澡，從此「三溫暖洗澡車」變成遊民的最愛。

有一陣子，街友以為是國民黨辦的，因此在傳國民黨來收攬人心。另外，也有遊民看到曹慶經常以瓦楞盒紙板為墊坐在那裡，以為曹慶也是遊民，因此他們就說：「那個遊民好厲害，居然弄到一台洗澡車給我們洗熱水澡。」

講到這裡，我的眼前好像出現一台洗澡車，很多人排隊洗澡，然後拎著食物愉快的由洗澡車裡出來，這是一幅多麼溫馨的畫面。

遊民之所以成為遊民，原因各不相同，無論你認不認同他們的原因，但他們也是一個人，這是我們不能否認的；既然是人，那就是我們的同胞，我們難道不能對同胞寬厚一點嗎？心懷大愛的曹慶做到了。

創世平安站

耶穌降生時,有天使天兵讚美神說:「在至高之處榮耀歸於神,在地上平安歸於祂所喜悅的人。」

創世用「三溫暖洗澡車」解決了遊民的洗澡問題,但終究不是辦法,還是去租或買房子,專門對遊民服務,才是長久之計,因此創世乃規劃設立了「平安站」。

忍辱負重建平安站

設平安站要租房子,但居民多反對,創世曾經向一位同情遊民的人,租到一戶宅子,但由於鄰居不斷抗議,租了兩年,屋主就拒絕再租,後經不斷努力,創世乃在全省建立了 17 個平安站,雖然每建一個平安站都必受到居民抗爭,有拉白布條的、有在門上噴字的、有剪斷水電的,不一而足。曹慶都本著打不還手,罵不還口的原則過來了。

平安站的面積要夠大,才能提供基本服務,最小的基隆平安站有 70 坪,萬華的較大有 150 坪。平安站提供的服務,以餐食、茶水、廁所、洗澡、存放衣物、休息為主。原則上不提供住宿,但冬天對身體較虛弱的遊民,允許短期借住平安站。

對遊民的貼心服務

遊民經常將衣物等家當揹著跑，平安站提供塑膠籃子供存放衣物，這看似小事，但對遊民幫助甚大，否則整天揹著一堆東西四處走動，十分不便，而且別人一看就知道是遊民，遊民變得很無奈，揹著難過，不揹又不行，所以創世提供存放衣物的服務，對遊民是十分貼心又感恩的服務。

平安站每兩個月會請理髮師為遊民理髮、請醫生來看診。平安站亦協助遊民打工，例如，為殯葬業摺蓮花、製作蠟燭、裝茶包、撕電線桿及牆上的小廣告貼紙，政府給工資。遊民最喜歡做的工作，就是為建設公司舉廣告牌，每天有 800 元工資。

有的人家有人逝世，有時也會找遊民去服務，例如抬棺、哭墓、戴白帽子或頭繫白毛巾坐在小貨車上，為喪家充場面，會吹吹打打的當然更受歡迎。這種工作多由葬儀社負責，遊民中也會有頭頭，負責去找適合的遊民。

平安站也存放愛心人士捐的二手衣物，分發給有需要的遊民。平安站設有站長，是有薪職，其他工作則由志工及遊民擔任。有些遊民有組織領導能力，可以管理遊民。

資源回收是幫助遊民的好主意

有些商店很有愛心，特別將可以資源回收的東西留給遊

民定期去收。談到資源回收，創世每年收到各界捐贈的統一發票，平均每月約一千多萬張，其中沒中獎的發票乃直接賣給紙廠，價錢好。因此曹慶就想到可否由創世來收集遊民撿回來的資源回收物，直接賣給有需要的工廠，價錢會比一般高很多。因為現在資源回收物的銷售管道中，遭到中間剝削的情況很厲害。

但是這需要有大場地來存放回收物，地方又不能太偏遠，否則對撿拾廢棄物者不便。要找這麼大一塊地並不容易，更重要的是聽說有黑道介入資源回收業，所以曹慶雖有此想法，但遲遲不敢進行。

資源回收十分重要，那是將糞土變黃金的工作，例如，將回收的紙箱等紙類物品變成再生紙使用，物資不滅定律，東西可以一再使用，否則造紙都用木材紙漿，每年不知要砍伐多少樹木，對大自然的破壞及水土保持都有莫大影響。

我們現在對撿破爛的人稱為資源回收工作者，從事這種工作的人多是貧苦人家，政府實在應該介入，查查其間是否有黑道介入，是否有剝削現象。但這種希望恐怕只是奢望，政府多一事不如少一事，哪敢主動的去惹黑道呢？反正這群社會最底層的人，也發不出甚麼聲音，對政府也不會產生甚麼壓力，只好認命吧！

●萬華平安站最早設在萬華汕頭街。

兩位陌生的韓國人

在陽光下風風光光過日子容易，默默奉獻自己則難。

1987 年創世基金會創立不及一年，一天有兩位男士前來，表示願意為男性植物人洗澡，創世當然表示歡迎。此後他們每星期不固定的來一兩次，為植物人洗完澡，說聲再見就走人，不多言多語，與一般志工不同。慢慢引起曹慶的注意，乃觀察他們的希望和意圖。

韓國人的愛心

交談之下，才知道他們是 1979 年諾貝爾和平獎得主德蕾莎修女（Mother Teresa）在韓國創辦的修會，差派到台灣來獻愛心的。

德蕾莎修女創辦的仁愛傳教修女會的總部設在印度加爾各答，目前在全世界 127 個國家，設有 600 多個愛心機構，有 7,000 名正式員工，4,000 名修女，在台灣的台南及新北市汐止亦設有分會。

當時兩位韓國人已來台租屋住了八年，住在當時尚未拆遷的中華路商店後面，極為簡陋，飲食也十分節省，因為修會讓

他們來台灣時，每個月只給新台幣 3,000 元生活費用，衣食住行都在內。

在這樣微薄生活費下，他們還省下錢來，買牛奶、麵包送給萬華龍山寺附近的遊民，真是令人感動。

三溫暖洗澡車

兩位韓國人說，他們來台對遊民發食物已有 8 年，但遊民最需要的是洗澡，這一點他們兩人做不到。他們的愛心感動了曹慶，但當時創世初創，自顧不暇，而這件事曹慶一直放在心上，每次都為此事向上帝禱告。

隔年曹慶開始籌劃如何為遊民解決洗澡問題，最後終於建立了「三溫暖洗澡車」，所謂三溫暖是指三種溫馨，而非一般大家熟知的洗三溫暖。三種溫馨首先是來洗澡的遊民身體洗乾淨，舒服多了是一種溫馨；其次是洗完澡都換上別人捐來的乾淨衣服，舒服多了，這是第二種溫馨；洗完澡後，每人都送一包食物帶回去，有吃的，舒服多了，這是第三種溫馨，合稱三溫暖。

韓國人的使命感值得欽佩

講到這裡，想跟大家談談韓國人在使命感上的堅持，所謂使命感就是「圓滿達成任務的強烈意願」，早年韓國較台灣落

後很多，韓國人買到 made in Taiwan 的東西，都覺是較韓貨更高檔的物品，國民所得也比台灣低一大截，可是韓國這些年來發展快速，人口超過 5,000 萬，國民所得超越台灣，韓國已是世界第十大經濟體。倫敦奧運韓國所獲獎牌已超過日本，我們卻只有一銀一銅，能不汗顏嗎？

有一次，台灣一位企業家對韓國友人說：「你們韓國與我們台灣競爭得很厲害。」

韓國商人說：「我們現在競爭的對象是日本不是台灣。」言下之意，是台灣根本不夠看，不把台灣放眼裡。就目前韓、台的發展趨勢來說，情形恐怕確是如此。

韓台差異之所以有 180 度的易位，與韓國人民的使命感有絕大關係，他們每接受一項任務時，一定不懼艱難，努力達成，就以上面這兩位韓國人而言，雖然每月生活費只有新台幣 3,000 元，但他們仍能活下去，而且有結餘去幫助遊民，我們能辦得到嗎？

一對韓國夫妻在印尼泗水

兩年前我與太太蘇老師應邀到印尼泗水教會講道，泗水是印尼第二大城，極為貧窮。一位韓國傳道人，被韓國教會派到泗水傳教，這位韓國傳道人帶著妻子及孩子，來到人生地不熟的泗水，沒有任何接應協助的人，語言不通，身上僅有的家當

●兩位善心的韓國人看到了遊民在冬天最需要
的是熱水洗澡，創世土法煉鋼，發明了三溫
暖洗澡車。最初洗澡車是由小貨車改裝的。

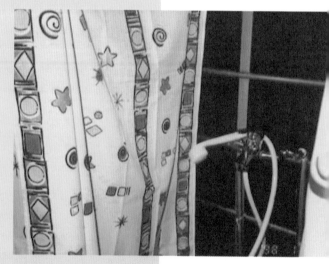

●洗澡車內有布簾，隔為三間，可同時有三人
淋浴。

是美金 1,500 元。

　　但是他們在泗水成立了教會，教堂寬敞漂亮，另外辦了一所由幼稚園到高中的學校，讓孩子透過教育改變自己的人生。我去參觀時，對他們的所為佩服至極，真不知道他們是怎麼辦到的。

　　當一個國家，多數人民都有使命感時，這個國家焉有不進步發達之理，反觀台灣，這些年來一直內鬥，使命感一詞在台灣人民及執政者心目中已是十分陌生的名詞了。

●洗澡車所用瓦斯桶放在車外。

散兵遊民收容所

替政治人物開刀最容易，因為多數政客都神經麻痺，不打麻藥針，也不會痛。

政府 1949 年自大陸撤退來台前，國共戰爭屢屢失敗，兵源缺乏，當時各部隊經常抓兵，所以很多人當兵並非自願，撤退到台灣後這些士兵開始逃亡，是為逃兵，官方名詞是散兵。

散兵歸隊

政府到處抓散兵，在各縣市設立「散兵遊民收容所」，在街上看到年輕人，就用閩南語問話，聽不懂答不上來的、提不出身分證件的，都帶回散兵遊民收容所，過濾後將他們送返部隊。

政府大撤退時，人員中也有不少所謂的匪諜在內，政府大力清查，有嫌疑者，也送進散兵遊民收容所。所以收容所名稱雖為散兵遊民收容所，其實收容的遊民甚少。

後來政府日漸安定，兵源充足，匪諜也不那麼普遍了，散兵遊民收容所，除台北、高雄幾個大都市外，其餘各地的均撤銷，而台北等地保留的收容所，也更名為「遊民收容所」，由

警察局管理，當時政府亦訂有取締遊民辦法。

遊民收容所待遇如囚犯

遊民被抓就關進警察局的遊民收容所，據聞收容所的遊民待遇與監獄牢犯沒有兩樣，曹慶為一睹真面貌，乃前往某遊民收容所。該收容所設在一樓，二、三樓為警察辦公室，大門再設鐵欄杆深鎖，外人不得隨便進入。

曹慶去按門鈴，警察從二樓窗戶探頭出來問：「要幹甚麼？」

曹慶說：「我想進來參觀一下．」

警察說：「不行！」就將窗子關起來了。

曹慶第二次又去，這次開了小貨車，內有沙拉油等日用物資，說要送給遊民，警察乃以接待善心人士方式讓他們進來。談了一會，曹慶說想看看遊民生活，警察在有些為難下，勉強讓他們參觀了一樓的遊民收容所。

收容所內遊民生活環境一如監獄，生活條件一如犯人，上下鋪床位，一條大棉被，只剩棉胎沒有被套，每月伙食費比照犯人 1,200 元，米統一規定，吃的是與囚犯相同的 6、7 年軍備發霉的陳年老米。廚房屋頂破了個大洞，雨天漏水，大家撐著傘蹲在地上燒飯，曹慶形容好像是在戶外雨中辦野餐。

有位癱瘓的老人躺在床上，由其他收容人餵食，當時沒有

健保，遊民生病就是大問題。遊民想要出來必須找保人，但遊民到哪裡找保人呢？

曹慶去探訪遊民收容所，原想瞭解看能提供甚麼幫助，但看到這種狀況，也無能為力。

媒體救了被關遊民

就在此時，曹慶遇到一位電視台記者，告知上述狀況，記者乃去採訪，值班警察拒絕。記者說：「如果你拒絕，我就把你剛才拒絕的鏡頭播出來。」值班警察覺得不妙說：「讓我請示一下長官，」最後記者獲准進入遊民收容所。

這件事被報導曝光後，多家電視台及平面媒體記者都跟進採訪，一時成為熱門新聞，譴責政府不能把遊民當犯人看待，遊民問題終獲重視。

最後曹慶要求取締遊民辦法改為遊民輔導辦法，主管機關由警察局改為社會局，每月伙食費增加了，管理改善了。這象徵政府處理遊民的心態有基本改變，這種改變使遊民的人權獲得了最起碼的保障，其間貢獻心力的人很多，但曹慶功不可沒。其實最重要的不是功勞的大小，而是曹慶那顆用行動去悲天憫人的心。

當時遊民被關在警察局的收容所裡，因為囚禁難過，有時會大喊大叫，附近老百姓以為是警察在打人，讓警察背了黑

●蕭前副總統萬長，也親臨尾牙會場發紅包。

●龍山寺周邊街友群聚，很像是遊民收容所。

鍋。

　　媒體在揭發社會黑暗，促進百姓愛心時，常能發揮很大功效，創世的愛心工作，遇到許多困難或是資源不足時，媒體都在關鍵時刻發揮了很大的作用。期勉我們的媒體工作者，能少報八卦，多運用手上的武器做對社會有益的事。

街友尾牙

月兒彎彎照九州，幾家歡樂幾家愁
幾家高樓飲美酒，幾家流浪在街頭

1990 年除夕下午，曹慶去探望遊民，看看如何過年。

曹慶問遊民：「除夕，商店都打烊了，你們要去哪裡？」

遊民說：「平常可以找到東西吃，但除夕過年，店家都關門過節去了，反而找不到東西吃，只能餓肚子。」

月兒彎彎照九州

曹慶回辦公室給幾位熱心的志工打電話，問每家可否做幾個便當給遊民，最後收集了 30 多個便當，志工約 6、7 點送便當來，曹親自在晚上 8、9 點將便當發到遊民手上。

有位約 80 歲的老遊民拿到便當時，雙手發抖，因為太餓了，飯好像沒有嚼就吞下去，是真正的狼吞虎嚥。曹慶看在眼裡十分不忍，大家在大魚大肉歡慶春節時，遊民卻孤零零的流落在外，挨餓受凍。

有首國語老歌「月兒彎彎照九州」，其中頭四句是：「月兒彎彎照九州，幾家歡樂幾家愁，幾家高樓飲美酒，幾家流浪

● 2011 年街友尾牙，席開 2,500 桌，辦街友尾牙目的不在吃一頓，是在送溫暖。

● 街友水電職能班。

● 教街友做蠟燭出售，賺零用錢。

在街頭。」

這不就是春節時遊民的寫照嗎?

開始辦尾牙

曹慶乃向神禱告:「這要怎麼辦?今年除夕勉強用便當獻了一點愛心,那明年怎麼辦呢?」因此邀請志工一起商量,決定除夕在餐廳辦年夜飯,但可行性不大,因為許多餐廳不營業,而且志工也要回家過年。

年夜飯構想行不通,乃決定辦街友尾牙,但是場地不容易找。第一次尾牙,看中了改建前萬華火車站前又長又寬的騎樓,乃向火車站申請。

車站的人說:「我們只管門內不管門外。」因此向警察局申請。

警察局的人說:「那地方屬火車站的,我們管不到。」

既然都不管,創世第一場街友尾牙就在萬華火車站門前騎樓辦了起來,第一年只辦了 10 桌,以後人數逐年增加,2011年在中正紀念堂辦尾牙,各縣市共來了 3 萬人,沒有接到邀請函就跑來的近千人,準備餐食不夠,乃再包下附近的幾家餐廳,供街友享用。

舉辦尾牙前,由創世的 17 個街友平安站,對常有往來的街友發邀請函,沒接到邀請函的,事先來登記,也發給邀請函。

邀請函上註明：「不是街友請不要來，屆時會查身分。」希望能有一點阻隔作用，但卻從來沒查過身分。

尾牙發紅包

來參加尾牙的街友，志工會發給桌次卡，街友按配定的桌次入席，街友除吃喝一頓外，創世並發給每人新台幣 500 元的紅包，有幾年發 400 元，2011 年因人數太多，只發 300 元。

街友參加尾牙，可全家出席，手裡抱的小孩也算一份，概以人頭計算，發紅包亦同，如五口之家全來，可領五份紅包共 2,500 元。

2011 年在中正紀念堂辦時，不採每桌供菜方式，而是在進場時發給類似園遊券的票券，可至規定攤位領取食物享用或帶回去，票券中有一張是可以去領紅包的。

街友尾牙的人數為何會膨脹到 3 萬人，這真是政府及大家要密切注意的事。有次蕭前副總統及台北市長郝龍斌來尾牙致辭，他們都問一個問題：「真有那麼多街友嗎？」

據創世的估計，2011 年在中正紀念堂辦的尾牙，全省參加的 3 萬人中，約 70% 不是真正的街友，多數都是失業、家有病患或生活陷入困苦的社會邊緣人，如非不得已也是不會來的，因為畢竟吃喝一頓，領 300 元紅包，也不是甚麼光彩的事。

街友與社會邊緣人如何區分呢？其實很簡單，真正的街

友在用餐時十分自然，而社會邊緣人則是埋頭苦幹，不願意抬頭，不與人講話，目光不看人，甚至有人戴帽子壓低視線，尤其在電視採訪鏡頭前，更是很不自在。

街友尾牙，因顧及社會邊緣人，將向「寒士吃飽 30」（30 分鐘）方向去辦。

3 萬人的街友尾牙，餐費、場地布置及紅包 300 元不是小數目，2011 年在尾牙前兩天，創世收到的尾牙捐款只夠發紅包 100 元，但創世臨時再加上 200 元，相信善款會陸續進來，最後，所收到的善款超過所需，尚有結餘，這些餘款均用作日後服務街友的經費。

民以食為天

我們不對這些人做任何批評，我們不問他：「為何成為遊民？」我們只問他：「你需要甚麼，我們會盡力照顧你們。」

創世照顧遊民工作，主要是以中國人「民以食為天」為主軸，讓肚子先吃飽，肚子吃飽了，其他的問題再解決。

愛心媽媽送便當

解決遊民吃的問題，創世的方法有三：發便當、自炊車、平安站街友下廚。

最早創世在夜間發麵包，悄悄的放在熟睡遊民身旁就走，不打擾他們。後來發起「愛心媽媽送便當」，號召媽媽們在為孩子準備便當時，多做一份給遊民，經媒體報導與志工宣傳，一天可有 70-80 個便當，有時自助餐店也會送便當來。

遊民領取便當甚有紀律，排隊守秩序、不爭先恐後，不喧嘩，吃完後也會收拾乾淨，目的是不惹人厭，因為他們知道只有這樣才可以長久下去。遊民甚至組織起來，選出小隊長、副隊長控管發便當的進行。

●平安站全天供應地瓜粥，使不
　方便來領餐的人，可以隨時來
　吃熱騰騰的地瓜粥。

●平安站有廚房，由街友自己洗菜、燒飯。

地瓜粥溫暖了社會邊緣人

後來發現有些社會邊緣人並非真正的遊民,有時不好意思來領便當,創世便開始提供「地瓜粥」。地瓜粥煮起來簡單,全天候供應,任何時候都可以來喝碗地瓜粥。有時大人帶著孩子一起來吃,吃得很香,創世志工看在眼裡,都感到快樂滿足。

對遊民發放便當後,創世又開辦了「自炊車」。所謂自炊車,就是小貨車裡放置了燒飯煮菜應有的工具,鍋、碗、水、瓦斯爐等一應俱全,每天開到定點,由遊民自己動手做,後來連買菜都由遊民自己辦。為鼓勵遊民參與,當時提出「你做我吃,我做你吃,不做不吃」的口號,所以遊民個個參加,偶爾有事的,還會事先請假。

在自炊車之後,又發展到目前的「平安站」,平安站現已有 17 處,平安站或租或買了房子,內有廚房,遊民可以自己做,等於是將自炊車開到廚房裡一樣,廚房就是自炊車,這當然比自炊車更方便、更安全甚多。

在尚未設平安站的地方,創世原則上有「三溫暖洗澡車」及「自炊車」各一輛,會開到遊民聚集的地方,提供膳食及洗澡服務。將來希望在遊民較多的地方都能設平安站,可以一勞永逸。

社會並不認同照顧遊民

照顧遊民的工作是辛苦的，因為社會上認為你是在照顧一群好吃懶做、不求上進的人，有助長遊民之嫌。言下之意，似乎是讓他們餓死最好，受不了飢寒交迫時，自然會去找維生的工作。這種想法似乎有理，但是如果有理，為甚麼世界上各大都市都有大量遊民存在呢？

部分遊民固有好吃懶做、不求上進的外在形象，但背後也不是沒有值得同情與理解之處。

創世在萬華火車站發便當或設平安站時，經常遭到居民反對，激烈者會拉布條抗議、在門上噴字、找議員、找政府制止創世發便當、搞自炊車、設平安站。就居民的反抗立場來說，也不能說他們都是自私沒有同情心的人，試想這種事如果發生在自家門口，自己又是甚麼想法？

發便當給遊民的不是只有創世

現在對遊民發便當、提供各種服務，並非只有創世一家，其他還有多個慈善團體在做，就以萬華車站發便當來說，不時就有 6、7 家慈善團體，只是創世的規模較大，天天午晚兩餐都提供，較有名號而已。

是不是這些慈善機構不提供餐食，遊民就會去找工作維生

● 沒有平安站的地方，有自炊車開至需要的地方，供街友使用。

● 自炊車。

● 志工為街友發餐。

呢？結果並非如此，人類求生，總會找出方法，偷、搶姑且不
談，有些遊民會站在靠近麵包店或自助餐店的地方，他們不會
站在你店門口，也不會站在你的櫥窗旁邊，不吵不鬧，只是靠
近顧客進出不遠的地方，商家基於打發他離開或是同情心，通
常都會給他們一些食物；最沒有辦法的遊民，就去垃圾堆裡找
別人丟棄的食物。不管那種方式，都不比發便當、自炊車、平
安站的方式更有人性。

　　遊民問題的中外研究報告甚多，道理說了一大堆，但真能
解決問題的，創世的曹慶要算上一份。

遊民為何集中萬華？

人類求生存，各有其道，只要不偷不搶，都應相互尊重。

遊民幾乎在世界各國大都市都有，美國紐約、英國倫敦及日本東京都是遊民的聚集區，台灣則以台北市萬華區龍山寺一帶是遊民最常出現的地方。創世基金會也在萬華設有平安站，免費提供遊民餐食、洗澡、休息及存放個人物品的地方，以防饑、防寒、防病為重點，來到萬華平安站的遊民每餐約達 100 名上下。

五大原因使遊民集中在萬華

為甚麼萬華遊民特別多，根據曹慶的分析：

1. 遠在清朝時，有許多福建沿海居民來台灣打天下找工作，多在艋舺上岸，失敗者無依無靠淪為遊民，好心人士乃設「乞丐寮」給予簡單的基本生活照顧。當時在台北，除現在的萬華龍山寺附近有「乞丐寮」外，另外在現今廣州街及南京西路也有兩處「乞丐寮」，這是萬華地區遊民特別多的歷史背景。

2. 其次龍山寺有較大場地，還有廁所及茶水間可用，龍山寺香客多，有人會對遊民施捨，遊民在此可獲基本生活所需，

這是其他地方無法相比的，曹慶曾看到一位老遊民，天天都固定坐在同一角落，每天都有一位年長的香客會送 50 元給他。

3. 萬華地區有大小廟宇 100 間以上，經常有菩薩過生日、廟會遊街活動，遊民負責抬轎，敲鑼打鼓，可有收入，而這種工作多數遊民都能勝任。

4. 萬華地區夜市繁榮，小吃攤夜晚打烊沒賣完的，常請遊民吃，且可打包帶回去，有時就在夜市席地而眠，解決無處可睡的問題。

5. 萬華有家「仁濟醫院」，對貧困者及遊民常有免費或減免的醫療服務，遊民生病問題可就地解決。仁濟醫院做慈善工作，可追溯至清同治年間，逐漸擴充而成為現在的仁濟醫院。

人都有求生的意志及各自求生的方法，我們的祖先居山洞，靠與野獸拚鬥為生，以後逐漸發展成現今的現代生活。遊民也是人，自有求生及活下去的方法，不管我們對遊民的觀感如何，他們也是人，用驅趕、取締都不能解決問題。我們終究必須承認他們的生存，而給予活下去的空間，萬華地區提供了他們生存的空間，遊民自然會群聚在此。

遊民改稱街友，是對人權的尊重

遊民各國稱呼不同，但大同小異，遊民的定義也不盡相同，有的稱流浪者、無家可歸者、居無定所的人，日本稱遊民為野蠻者，台灣曾稱遊民為「羅漢腳」，創世基金會為提升遊民尊嚴，稱他們為「街友」，這是有智慧、有愛心所創造的名詞。大家都是同胞，我們不必在名稱上讓別人感受到屈辱抬不起頭。

這就像我們將「殘障者」一詞改為「身心障礙者」，將「妓女」改為「性工作者」是殊途同歸的。

遊民給人的印象經常是負面的，例如，很懶、不務正業、很髒、不修邊幅、暴力傾向、自甘墮落、破壞市容等，反正許多負面的形容都會加諸在他們身上。因此只要社會上發生甚麼社會問題，大家就會聯想那可能是遊民幹的。

近年來最嚴重的一次，是發生在 2003 年初，台北市和平醫院及仁濟醫院內爆發 SARS 集體感染事件，政府下令封閉醫院，SARS 期間有專家學者將遊民視為 SARS 的禍首，是高傳染源，加上媒體廣泛渲染，萬華居民十分恐慌，集體抗議創世基金會提供遊民衣食是造成遊民集聚萬華的原因。創世在萬華的遊民平安站被迫暫時關閉、停止服務，曹慶乃將遊民避居至苗栗山區。

●總統馬英九來參加街友及獨居老人尾牙。

●台北市長郝龍斌也來參加街友及獨居老人尾
牙。

後來經仔細檢驗，原被懷疑感染 SARS 的三名遊民，均非
SARS 患者，在全國 664 個病例中，沒有一個是遊民。遊民確
有讓人不能認同，甚至擔心害怕的地方，但遊民被污名化也是
重要原因。曹慶將遊民更名為街友，對遊民被污名化或許有一
些降低的作用。

● 萬華有龍山寺，是街友集中在萬華的重要原因。

跌跌撞撞的苗栗農場

凡事取決於我們如何彼此相愛；愛的力量無堅不破，愛是
力量的源頭。

2003 年台灣爆發 SARS，風聲鶴唳，造成很大的震撼，大
家懷疑遊民不衛生又四處遊蕩，是傳播 SARS 的高危險群，因
此希望把遊民遷離都市，愈遠愈好。

遊民群遷苗栗

創世基金會臨時在苗栗山區急購幾公頃的山地，將遊民遷
至該處；另外，政府為收容遊民，則連夜整建廢軍營作為收容
遊民集合之處，但遊民不肯去，政府乃以免費供吃住，每天發
500 元為誘因，遊民才去。

遷到苗栗的遊民，創世教他們做竹掃帚，每支 50 元賣給
創世，因為苗栗山上有很多桂竹，可供編製掃帚之用。遊民每
天除免費吃住外還有錢賺，就多留下來。

五個月後，SARS 風暴漸息，根據醫院統計的病例顯示，
沒有一個遊民是 SARS 患者，說遊民是高危險傳染群，只是大
家在對遊民的偏見下，所產生的一種主觀認知。SARS 平息後，

●街友及貧困家庭，在創世苗栗農場養鵝。

●街友及貧困家庭，在創世苗栗農場養雞。

●街友及貧困家庭，在創世苗栗農場種植聖誕紅。但種植
聖誕紅並未成功，因為成本比市價還貴很多，無法銷售，
只好送給教會等有需要的地方。

很多遊民就離開苗栗回到都市，只留下幾位仍在苗栗。

照顧一家六口

創世在苗栗山區建了好幾個溫室，最大的有兩座籃球場大，教遊民種農作物。最早種聖誕紅，以為可以在聖誕節賣給教會，但是花農聖誕紅批發價每盆只有新台幣 50 元，而創世的成本卻要 180 元，根本賣不出去，就送給教會。

後改種百合花，這是教會在復活節時要用的花，種得很成功，但百合花開的時間沒算好，在復活節前幾天，溫室裡的百合花沒有開，卻在復活節當天大開，來不及送出之下改作綠肥，另備函說明免費送給教會，但有的教會拒收，以為是強制推銷。

這個時候創世發現有位婦女的先生得了憂鬱症，沒有工作，白天不出門，晚上跑去水庫釣魚，家中有 4 個孩子，分別讀國中、國小，沒有收入，全家陷於饑餓，米缸裡無一粒米。媽媽沒有辦法，乃叫大女兒上網找錢。由表面看，媽媽可能是無知或狠心，但全家在活不下去時，要怎麼辦呢？

創世知道了這種慘狀，乃邀請這家人與遊民一起共享午餐，並打包食物帶回去當晚餐，且又多帶一份回去給先生，因為先生不肯來。雖然這個家庭並非遊民，不是創世服務的對象，但是創世本著「愛就在別人的需要上看到自己的責任」的

理念，還是對這個家庭伸出了援手。

　　陷入困境的六口之家，在創世與遊民一起吃免費餐，但這不是長久之計，因為孩子總是要唸書的。創世乃建議這位婦人在溫室裡種蔬菜，這位婦人很努力，在溫室裡種、在外面空地也種，雖然孩子偶爾也來幫忙，但所賺仍然有限。後改種地瓜葉，是由桃園農業改良場要來的改良品種，只長葉不長瓜，好銷，但每月仍只能賺一兩萬元。

教她養雞

　　有天一位有愛心的飼料工廠老闆，來苗栗看到創世的工作，建議這位婦人養雞，並以保證價格收購。這時創世仍免費提供她們全家吃飯，雞飼料款也都由創世無息借貸給她。她養的雞是放山雞，很受市場歡迎，這位婦人大概賺了近200萬元，家庭生活立獲改善，孩子可以唸書了，她自己也買了輛舊汽車代步，住家原只有5坪，後也遷居到大好幾倍的房子住。但是這位婦人後來可能因為有錢了，就沒有再來養雞了。

　　談養雞，曹慶也津津樂道他的經驗。他們養的雞是真的放山雞，小雞在溫室養，到半斤重時就放到戶外養，雞在山上吃草，不到50天整個山上的草就吃得差不多了。白天雞在外面自由活動，天黑了，雞會自己回到溫室的家來。溫室內用竹子搭架子，雞會站在上面睡覺，像鳥站在電線上休息一樣，這倒

是蠻新鮮的。

養雞並不費多大力氣，但宰殺很耗人工，因為宰殺之後要拔毛，還要清洗內臟，一個人一天最多殺 30 隻雞。養雞可以讓很多失業甚久、走頭無路的人，能立即就業，有收入、有尊嚴。

但一般大規模養雞，從飼料、除毛到宰殺都一貫作業，這樣成本低、用人少，以工代賑的效果大為減少。創世正在想養雞助困之道，未來的路究應如何走，真希望他們這個有愛心的慈善機構能走出一條康莊大道來。

第 **5** 篇

信念與願景

多麼生動的口號！

德蕾莎修女：「時時點亮你心頭的那盞油燈，時時為心田的油燈滴幾滴愛的燈油。」

創世基金會的職工待遇比公務員略低一點，但在一般公益慈善機構裡，算是不錯了。曹慶這樣做是希望職工都能維持基本生活稍有餘，目的是希望同仁都能將工作做好。

好馬吃好草

因此曹慶提出了「好馬吃好草」的口號，要員工瞭解：「你們現在吃的是好草，但是大家也要想想自己是不是好馬？如果不是，要趕快努力成為好馬。」

這個觀念十分重要，像現在政府公務員，待遇不能說多好，但在整個國家中來說是水平之上，算是好草，但公務員是否都是好馬，則大有問題。因此「好馬吃好草」的觀念應該在公務員裡廣泛傳播。但是只傳播觀念用處不大，必須要有其他配合動作，例如，考試院提出公務員三年考丙要免職，這雖然不能讓公務員都變成好馬，但至少可嚇阻極壞馬的出現。

保護好你的腦袋

創世收容的植物人大多數是騎摩托車出車禍，騎士頭著地，大腦受傷，因而成為植物人。創世提出「愛因斯坦的頭腦也禁不起一擊」的口號，要大家警惕，好好保護自己的頭。

青年人多喜歡騎機車，又不愛戴安全帽，每次出門母親都會再三叮嚀「要小心、要小心，千萬要小心」，孩子們常認為母親囉嗦死了，所以創世又提出「母親的囉嗦，安全帽的累贅，同具保護功能」的口號，鼓勵大家戴安全帽，不要把母親的叮嚀當作耳邊風。

照顧一個植物人，每月花費至少新台幣 5-7 萬多元，這些錢從哪裡來？曹慶沒有錢，創世也沒有錢，錢是眾多社會愛心人士捐來的，因此最要感謝的，就是這些善心人士。

創世為了提醒大家捐款救植物人的重要性，提出「救一個植物人等於救一個家庭」的口號。有人稱植物人是活死人，照顧他們是基於人類「願其生不願見其死」的人道觀念，事實上對植物人本身意義不見得那麼大。真正的效益是植物人獲得免費照顧後，那個家庭就活起來了。所以「救一個植物人等於救一個家庭」一語道盡照顧植物人的意義了。

● 「愛因斯坦的頭腦,也禁不起一擊」,警告機車騎士務必小心,很多植物人都是因為機車車禍傷腦所致。

● 創世家規,提供服務「不喝一口、不拿一片、不吃一口」,絕不增加受幫助者麻煩及負擔。

● 一元行大善,一塊積功德。

順手捐發票，救救植物人

社會各界捐給創世的統一發票，好的時候，一年約可有 1 億元獎金收入，所以創世為鼓勵大家捐發票，提出「順手捐發票，救救植物人」及「一張發票半口飯」口號，激勵大家捐發票，集少成多，共獻愛心。

創世職工或志工到各地服務時，被服務的人為表感謝，有時會送小東西或招待茶點，這在創世是一律禁止的。他們的準則是「不吃一口、不喝一口、不拿一片」，連喝的礦泉水都自己帶去。這樣的團隊，在這樣的品德紀律要求下，當然會有讓人耳目一新的感受。

一個公益慈善機構，要有足夠的捐款收入才能做更多的服務。愛心人士是否捐款，主要看你服務的工作他是否認同，例如，創世免費照顧低收入戶的植物人，認同的人會捐款，不覺其重要的就不會捐款。其次是看這個單位的財務是否公開透明。

財務絕對公開

創世基金會財務絕對公開透明，他們提出「本會業務、人事、財務、意見透明公開，歡迎指教」，這樣的標語在創世的各機構裡隨處可見，並印在他們的刊物《創世通訊》上。這個

名為「創世」的通訊，每月發行近80萬份。在這個通訊上，每個月都公布財務收支及服務績效。

創世收到大家捐款，款一收到立刻開立收據寄給捐款人，並在網站上公布周知。

創世能由零到現在這樣的服務規模，財務公開、服務績效，是很重要的關鍵。

● 創世提出「愛因斯坦的頭腦也禁不起一擊」口號，呼籲大家要好好保護自己的頭。

台灣人民不怕死！

世人沒有不怕死的，但不計後果、逞強一時、終身受罪，那是不值得的。

死不是也有重於泰山，或輕於鴻毛之分嗎？

創世基金會所收容的植物人中，60% 以上是因為車禍，車禍中又以機車事故最多。台灣交通事故死亡率，世界第一，而機車事故也是世界第一。

因機車肇事的植物人居首位

台灣機車約有 1,500 萬輛，扣除未成年人口，平均每人有一輛機車。機車肇事及死亡人數已超過小客車，2011 年機車事故，在 24 小時內死亡者有 975 人，如包括因車禍在 24 小時以後死亡未計在內者，死亡人數更高。

汽車是鐵包肉，機車卻是肉包鐵，一旦發生車禍，即使只是輕微擦撞也會造成斷手斷腿，如頭著地、大腦受損，就有可能成為植物人。

一旦變成植物人，每月花費至少新台幣 5-7 萬多元，家人心力交瘁，浪費諸多社會資源，更重要的是自己喪失了大好前

途，喪失生產力，這是整個社會的損失。想到這裡，騎機車能不謹慎嗎？

多年前在故宮博物院附近的自強隧道裡，三、四位年輕人駕機車，車速快又蛇行，好不威風。後來我的車子開到衛理女中前，看到那幾位少年騎士車禍倒在地上，其中一位還將一隻手舉得高高的一直抽筋，但不多久，手就放下不再動了，可能是斷氣了，救護車很快把他們抬走，這一去不是醫院，就是太平間。

神勇一下子，就斷送了美麗人生，如不幸成為植物人，又將成為家庭重擔。但是許多台灣人民似乎並不在乎，看看街上摩托車大隊，橫衝直撞，就知道有多少人是多麼不怕死了。

交通事故死亡者，酒後駕車佔 40%

台灣交通事故死亡的人，酒後駕車的佔 40%，除了死傷外，有人成為植物人。喝酒不開車，政府宣導多年，處罰亦日益加重，但酒後開車肇事的數字仍在增加。媒體上經常報導酒後駕車造成嚴重的傷亡，令人痛恨又怵目驚心，因為有些酒後駕車發生的交通事故，會傷及許多無辜的人。

酒後駕車，車禍死亡最多的年齡是 18 至 29 歲的年輕人，父母辛苦的養育他們，正要成為一個有生產力的人時，卻就這樣死了，真是令人惋惜又心痛。

● 當年風火輪，今天植物
　人，身心兩痛苦，歸因
　狂飆車。

● 反毒、反飆車的標語。

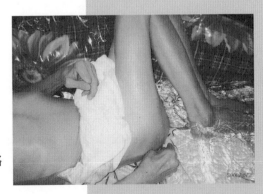

● 植物人臥床一久，骨骼
　變形，死活兩不能。

在交通事故中，酒後開車比重最高，而酒後開車的人其酒精濃度愈高，死亡的機率亦愈高。有些人酒喝太多，開車時會自己撞上電線桿，因為高濃度酒精已使他陷入半昏迷狀態，在這種情形下開車，焉有不出車禍的呢？

我經常告誡開車的人喝酒絕不開車，那怕只是一小口酒都不行。我勸他們在車上放一張全家福相片，經常提醒自己一旦車禍，相片裡的人就可能成為孤兒寡母，如果沒有喪命也可能殘廢，或成為植物人，相片裡的家屬都將欲哭無淚。想到這些非但不要酒後開車，即使沒喝酒，開車也要小心謹慎。

既然酒後開車會造成這麼嚴重的後果，為甚麼大家一點都不在乎呢？恐怕還是那句話「台灣人不怕死」吧！

檳榔大國，口腔癌第一名

台灣是檳榔大國，全省各地檳榔攤林立，檳榔種植的面積有兩個台北市大，嚼檳榔人口超過 260 萬人，每年吃掉新台幣 900 億元。

山坡地種植檳榔，根淺、嚴重影響水土保持，每年因此流失的水資源達 40 億噸。颱風來時，檳榔樹頭隨風搖，根部泡水，土就鬆了，搖啊搖就發生土石流，滅村事件亦時有發生。

有一次，我們基金會捐了一千棵肉桂樹苗給南投種植檳榔樹的人，換取他們砍掉一千棵檳榔樹，但杯水車薪，只具有象

徵性意義。同時只要嚼檳榔的人口不減，市場仍會導引大家去
種檳榔樹。

　　嚼檳榔是導致口腔癌最主要的原因，根據調查，口腔癌患
者 88% 有嚼檳榔習慣，口腔癌已進入十大癌症死亡之列。這
真是駭人聽聞的數字，可是台灣人民卻一點都不在乎，若非無
知，那就只有一個原因「老子不怕死！」

教育不能只在舌頭上

教育無它，榜樣而已。世人喜歡用眼去看實例見證，而不願用耳去聽說教。

國中二年級學生，時時刻刻都想有一輛機車，多次求母親都不獲允許。暑假時乃與另一位同學去打工，賺了 15,000 元，訂了一輛機車，拿車時，老闆說機車要 40,000 元，需再付 25,000 元。孩子找母親，堅持一定要買，母親再三告誡，說破了嘴也沒有用。

機車不買了

母親無奈，帶他到創世的植物人安養院參觀，植物人病床前都有一基本資料卡，註明年齡、進住時間及成為植物人的肇因等。

參觀後，母親問孩子：「還要不要買機車？」

孩子說：「我看到第一個因為機車車禍成為植物人的人時，就打消念頭了。」

植物人安養院裡，60% 以上都是因為車禍而成為植物人的，其中又以機車肇事為大宗。孩子看到植物人不死不活的情

●母親節時孩子為母親洗腳，為孩子孝順父母
　留下深刻的印象。

●帶著孩子一起上街募發票，為孩子的愛心上
　了一課。

境，想到了騎機車的危險性，自己還年輕，媽媽不同意買機車是大有道理的。

用實際例子教導孩子

教育孩子，一味的用嘴說，用處不大，讓他看到實際例子，效果遠大於說教。

從前我在擔任財政部財稅人員訓練所所長時，曾經帶受訓學員去參觀監獄，看到許多有頭有臉、大有前途的公務員，因貪汙成為牢犯，在受訓學員心中留下深刻印象。這比說教、一味的要求不要貪汙有效多了。

現在死刑犯槍決時都是秘密進行，當然有其道理，但如能電視轉播槍決過程，對嚇阻犯罪也可能會有震撼性的效果。當他動念犯罪時刻，槍決犯人的畫面就會出現在他面前，阻止犯罪的效果應該會很大。但多數國家都沒有這麼做，想必另有許多其他原因，不方便如此行吧。

參觀植物人安養院比交通事故講習有用得多

政府規定交通事故，違規的人除罰款外要參加講習，但大家滿不在乎，都在應付，有看報的、打盹的，幾乎毫無效果。後來交通大隊帶他們參觀創世的植物人安養院，這些人進來參觀時，都一副不屑一顧的樣子，覺得這是無聊事。

　　但參觀完後,反而都能認同,並有很多人會捐款。短短30分鐘不到的參觀,比大半天講習效果要大了好幾倍。因為眼睛看到了,其感受較只是口說要深刻太多。

孩子不想去當遊民了

　　有個國中生讀書成績差,時常逃學,父母責備他,很是難受。

　　有天他對母親說:「我不唸書了,也不要住在家裡,我要去當遊民,可以毫無拘束,跟遊民做朋友,一起找東西吃,找地方睡,這要比上學住家裡好多了。」

　　母親嚇了一跳,孩子怎麼會有這種想法,如何曉以大義也沒有用。

　　這位母親知道創世基金會有做遊民服務,經介紹後,帶著孩子去萬華看遊民生活狀況,看完後,孩子再也不提想當遊民的事了。為甚麼會這樣?因為想像與實際有差異,孩子以為當遊民可以不讀書,不受父母管束,可以自由自在,但事實不是那樣。講都沒有用,實際看了才有用。

替母親洗腳

　　有人在中國大陸辦了一所高中,十分強調以愛為主軸的品德教育,他們從孝順父母做起。學校每個月都利用升旗典禮時

辦慶生會，邀請十餘位過生日同學的母親來參加，由學生單膝下跪為母親洗腳，洗完後，幾乎沒有例外，母子或母女都抱起來哭，場面感人。母親的腳皮膚粗糙且多龜裂，母親的辛勞從一雙腳上可以充分顯現，這一切都是為了孩子。

替母親洗腳後，有些學生有 180 度的改變，判若兩人，從此努力唸書，因為這是母親最大的盼望，希望他能考上大學，不讓母親失望。

有些學校用上公民課方式教導學生孝順父母，用處極小。孝道的教育不能只在舌頭上，要有令人刻骨銘心的動作，讓孩子從內心深處知道一定要孝順父母。

聖經上說：「愛不能只在言語和舌頭上，總要在行為和誠實上。」品德教育也是一樣，不能只在言語舌頭上，總要在具體行動上。

給魚給竿，拉人一把

貧窮是最好的大學；努力不懈的人，在人們失敗的地方得到他的成功。

勤勉是幸福的右手，節儉是幸福的左手，二者均可致富。

幾位單親媽媽來到創世基金會請求支助，曹慶想「只給魚吃式」的幫助不能解決問題，必須使她們能自立才能長久。因此想出賣早點的構想，幫助單親媽媽在街頭賣飯糰、麵線、豆漿及地瓜等早點，但必須早晨四點就起來準備，有孩子的媽媽很難為。

單親媽媽烤地瓜

後來專賣烤地瓜，用廢汽油桶自製烤爐，每個成本約新台幣 1 萬元，免費借給單親媽媽使用。開始時，基金會免費供應 3 袋地瓜，每袋約 50 台斤，並供應木炭。當然開始前要先培訓烤地瓜的技術及販售常識，經過考試才上街。

地瓜由基金會統一代購，量大價低，地瓜盛產時價低，冬季時價高。基金會代購後，以事前估計的年均價交給單親媽，如實際平均價高於估計價時，價差由基金會負擔，讓單親

媽媽可不受地瓜價格波動的影響，常年收入穩定。

每月可賺 4-8 萬

生地瓜一袋 50 台斤，烤熟為 35 台斤，每袋可淨賺 1,500 元。如擺攤地點好又勤快，每天賣 2 袋，每日可賺 3,000 元。每月 25 天計，月入近 8 萬元。如一天只賣一袋，亦可月入近 4 萬元，這對單親媽媽的家庭來說，助益甚大，全家都活過來了。

曹慶把這個烤地瓜的助貧計劃稱為「給魚給竿，拉人一把」，單親媽媽烤地瓜爐上，掛有基金會的小旗子，上印有「木炭烤地瓜，拉把單親媽」下署創世基金會名稱及電話，很多人看到是創世基金會辦的，愛心油然而生，常可多賣些烤地瓜，超額付款。

有時警察會來取締，多數是賣吃的競爭對手去檢舉的，警察會先開勸導單然後才開罰單。路人見此情況，同情單親媽媽的困境，有代繳罰款的，有一次警察一手開罰單，一手掏腰包付罰款。

單親媽媽有烤地瓜計劃幫助她們，單親爸爸怎麼辦呢？也有單親爸爸來向創世申請要求參加烤地瓜計劃。他們說，他們的狀況有時比單親媽媽還困難許多，所以後來也接受了一位單親爸爸參加，但買地瓜的人極少，不久自動走了。

說起以烤地瓜方式助貧，創世基金會十分有創意，而且是不斷改良進步。

烤地瓜爐經歷多次改良

最初是將雙人式的嬰兒車改裝使用，前坐嬰兒，後座放烤熟的地瓜，上有蓋子，最下面有小炭火會保溫。地瓜則由創世統一烤，再分交單親媽媽去賣。單親媽媽可一面帶孩子，一面賣烤地瓜。但這種賣法，地瓜到下午會走味，不夠香甜。因此乃發展出以廢汽油桶改裝的烤爐。

廢汽油桶改裝的烤爐，生地瓜一個個放在螺旋式小掛勾上，掛在預置於烤爐內的鐵絲網上，別人烤地瓜要不時替地瓜翻身，創世改裝的烤爐則不需要，節省時間，而且特別香甜。

一般人烤熟地瓜要 90 分鐘，創世的只需 30 分鐘。清洗地瓜的洗瓜機一台要 30 萬元，洗一袋要 20 分鐘。創世自製洗瓜機，成本低，一次洗 100 台斤地瓜，只要 55 秒，省錢省時。有人勸他申請專利，曹慶說讓人來分享，巴不得有人來學習。

烤地瓜車上有遮陽的大傘，車上並放有「順手捐發票，救救單親媽」的小箱子，供人捐發票，一爐數用。現在正研究在烤爐底層與炭火交界處，加一鐵製圓盤，可以烤蔥油餅賣。

● 靠賣烤地瓜維生的單親媽媽，揹著幼兒做生
意，她們辛苦的工作，養家活口，撫育下一
代。

● 在陽明山賣烤地瓜的單親媽媽，帶著孩子一
同工作。

向神禱告求智慧

曹慶這些智慧哪裡來的，他說是從神來的，他有寫日記習慣，利用日記以書寫的方式向神求智慧，解決問題。問題解決，向神感恩，如不能解決就繼續禱告求智慧。

創世聘有一位年輕電機工程師，由曹慶提出構想或繪出草圖，工程師就能把它變成實用的東西，真是最佳搭配。

烤地瓜計劃不但可以幫助單親媽媽一家人，而且可以幫助種地瓜的農民，同時地瓜又是營養豐富、熱量低、助消化的上佳食物，可塑身、美容，有助健康。烤地瓜計劃是一舉三得的慈善計劃，真是太好了！

●烤地瓜不小心會被燙傷，手臂及手腕紅色處即是燙傷的地方。她們雖都十分小心，但燙傷仍不能避免。

愛就是在別人的需要上
看到自己的責任

諾貝爾和平獎得主德蕾莎修女：「我將放棄一切，跟隨耶穌進入貧民窟，服務窮人中的窮人。」

我們常說：「愛就是在別人的需要上看到自己的責任」，曹慶看到貧困家庭有植物人、迫切需要外界支援，創辦了創世基金會，免費收容低收入家庭的植物人。

愛是責任，不只同情憐憫

曹慶看到遊民及社會邊緣人流離失所、三餐不繼，創辦了人安基金會，設平安站、三溫暖洗澡車、自炊車、發便當、睡袋、辦街友尾牙，用各種方法來幫助他們。

曹慶看到失智、失依、失能的老人，創辦了華山基金會，目標全台 369 個鄉鎮都要設站，目前達到四分之三個鄉鎮設有「社區愛心天使站」，照顧這些孤苦無依老人。

曹慶看到台灣人口下降，墮胎嚴重，創辦星沙基金會，做關懷教育及拯救胎兒。

這些都是在別人的需要上看到了自己的責任，這是大愛。

曹慶看到單親媽媽工作不好找、生活困難，又要扶養孩子，於是辦了「給魚給竿、拉人一把計劃」，輔導清寒單親媽媽賣地瓜，從採買地瓜、地瓜烘烤爐到地瓜烘烤方法，都給與協助。有些單親媽媽不喜歡拋頭露面，則考慮指導單親媽媽在家做活。

現在的殘障聯盟、老人福利聯盟、社會福利總盟、伊甸基金會等諸多相關慈善機構，共同為身心障礙者爭取權益，這些社福機構也是在曹慶幕後參與共同規劃支持所成立的。

身心障礙的人靠賣愛國獎券維生

曹慶在身心障礙者身上看到自己的責任，還可以從下面兩個小例子充分表現出來。例如，早年台灣發行愛國獎券，經銷的銀行門口有台階、高櫃台，輪椅難行，殘障者上不去，顏面傷殘陽光基金會出面召開協調會，身心障礙者要求改善。

銀行經理說：「沒有預算。」

曹慶說：「錢我們來籌。」銀行經理無言。後來，銀行才將身心障礙者批售愛國獎券改到另一個分行，該分行地是平的，身心障礙者及輪椅都進出方便。

這件事雖然很小，但卻可看出一個人是不是真有愛心，真有愛心的人，在小事上也能看到別人的需要及自己的責任。就以發售銀行來說，他們有沒有看到身心障礙者因台階太高購券

的不便呢？可能有看到，也可能沒看到，但有人來理論了，還說沒有預算，這就是對別人的需要漠不關心，所以那家銀行可以說是比較沒有愛心的。

另外一個例子也是關於愛國獎券的，身心障礙者賣獎券較容易賣出，因為基於同情心，配額獎券很快賣完，只得再去跟其他券商購買，成本高利潤薄。曹慶看到這種狀況乃發動大家去爭取，讓身心障礙者可以多批到一些獎券。銀行起初不表同意，曹慶乃爭取媒體支持，在輿論壓力下，此事終告成功。

對侏儒也照顧

身材矮小、四肢短、頭較大，人稱侏儒，醫學上稱軟骨發育不全症。除極少數特例外，他們的智力都完全正常。因為個子矮小，不免有些自卑感，不瞭解的人，常誤會他們是不夠健康、智商有問題的人，尋找工作時，會遇到困難。

創世在辦公處辦理職業訓練，包括工作態度、正面思考等，甚至讓他們在創世先工作一段時間，增加將來就業的適應能力。創世稱這個計劃為「101計劃」，意指他們雖然個子矮小，但未來的成就會比台北101大樓還高。這個101計劃的產生，也是因為在別人的需要上看到了自己的責任。

101的家長們後來成立了一個協會，專門關心自己同類的孩子，做得非常好，創世乃停辦此一計劃，而全力支持該協會

●愛心天使站的志工，為長者理髮。

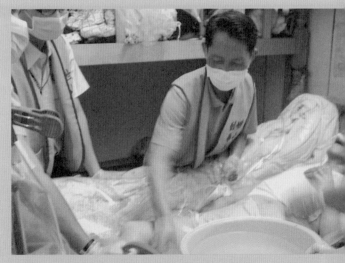

●愛心天使站的志工，為失能老奶奶原床泡澡。

的工作。曹慶的這種作法是值得稱許的。成事不必在我，有人
比我們做得更好，我們就去支持別人做，不必相互爭取資源、
打擂台。

●愛心天使站的志工清洗消毒街友睡過的商家門口，爭取商家的合
　作。

今日繁榮來自老人當年血汗

照顧老人就是照顧自己的未來，老年人口愈增，照顧工作就愈難。但如大家眾志成城，昨天的不可能就會變成今天的可能。

台灣老年人口比率快速上升，獨居老人也隨之增加。老人獨居一旦病倒無人聞問，連打電話向朋友求助的能力都沒有，曾經發生獨居老人病死家中，直至屍臭外溢才被人發現。

問安電話可防老人意外

創世為了幫助老人，特於 1989 年創辦獨居老人問安電話服務，現已 20 餘年。每天在大致固定的時間打電話向老人問安。希望參加電話問安服務的老人，可以自己來登記，但大多數（約 70%）是創世在各鄉鎮的「愛心天使站」轉介來的，不問長短途都打。

問安電話皆由愛心志工負責，每天下午 2 點開始，服務 3 個小時，每位獨居老人的背景資料及需求皆有登記，問安時較能切中需要，讓老人們開心。

如果電話無人接，會隔幾分鐘再打，如 3 次皆無人接，則

●曹慶親書「今日繁榮來自老人當年血汗」鼓
　勵大家關心老人。

●今日兒女的成就來自父母一輩子辛勞，做兒
　女的能一刻忘懷他們嗎？

通知其緊急聯絡人或各該「愛心天使站」前往瞭解。

問安電話對象 71 歲以上老人佔 95%

問安的獨居老人 95% 是 71 歲以上的長者，其中 91 歲至 100 歲的佔 25.6%，101 歲至 110 歲也有 1.6%。這些獨居老人雖然日子艱困，但生命力倒蠻強的。

這些獨居老人多數有病痛、貧困、子女不孝等難以解決的痛。有些老人對子女的不聞不問極為痛心，談及子女就會哭泣。有的身體有難治的疾病，只有拖一天算一天，令人心酸的事太多了。

有的問安志工因為情感太投入，面對獨居老人的痛苦，覺得痛苦的就是自己，想幫助他們又無能為力，回家只有跟丈夫聊聊，久了開始有憂鬱症現象，乃停止問安服務，改參加統一發票兌獎工作。

其他志工也會碰到情感太投入而不安的，但大家都學會了，盡量不把老人痛苦帶回家去。對有愛心的人來說，看到別人痛苦自己又欲助無力時，內心也是十分痛苦的，這是人之常情，但那要怎麼辦呢？

有的問安志工看到獨居老人的痛苦，有時也會想到自己有一天是不是也會這樣，自己雖有子女，但子女會來關心我們嗎？種種憂慮也會提前來到。

多數獨居老人都很歡迎問安服務，有的會守候在電話機旁，打晚了一點，老人會說：「今天怎麼這麼晚才打來，是不是把我忘記了？」

獨居老人希望有人跟他們聊天

多數獨居老人都很寂寞，希望有人跟他們講話聊天，讓他們訴訴苦，想從問安志工那裡得到一點安慰。有的老人獨居不便，又住在4樓，根本無法下樓走出戶外。創世的愛心天使站，有時會派志工開車帶他們出來參加活動，這是他們最開心的事了。

電話問安碰到老人講起傷心事哭泣時，問安志工除了給予安慰外，就是趕快轉移話題，以免傷情不止。

被問安的獨居老人也有性格比較開朗豁達的，問安時總能談些愉快的事，雖然志工知道他們也是許多痛苦在身。老人淪落到貧困獨居的境況，自己又知道餘日無多，心中的難過不言可喻。如果能有宗教信仰，樂觀一點，日子會好過些。

照顧老人就是照顧自己的未來，如果政府及社福團體有一套為無助老人打造的良好照顧制度，子女能盡孝道，這是〈禮運大同篇〉「老有所終」的理想。當這樣的理想被逐漸建立時，我們老時也會享受同樣的待遇，因為人皆會老，所以照顧老人就是照顧自己的未來。

　　許多志工喜歡在孩子多的地方服務，看到孩子一天天長大，有希望、有成就感。但是在老人機構看到的是憂傷的事，最悲傷的莫過看到老人逐漸凋零離世。前者是旭日東升，後者是夕陽產業。可是這些面臨夕陽的人總是要有人來關心，才會老有所終。

　　曹慶有句名言：「今日繁榮來自老人當年血汗」，想到自己目前的擁有，都與老人過去的打拚密切關聯，心中還能那樣忽視老人照顧嗎？

麻將讓老人重拾歡笑

海倫・凱勒：「希望是引導人走向成功的信仰。」
馬丁路德：「希望是堅強的勇氣，新生的意志。」

老人失智症俗稱老人癡呆症，究竟如何治療，討論雖多，但缺良方，能夠有些延緩就算不錯。

麻將造福老人

創世基金會先在台北市北平東路，後來到士林辦了麻將館，讓老人一起打麻將。打麻將能否防止老人癡呆症或延緩其發生，台灣尚缺乏學術研究。但不少腦科醫生認為多動腦、讓腦細胞動起來，可預防失智症，並認為老人打麻將有此功能。據說國外曾有研究，結論是似有功效。

多年前曾有一個有錢人家，父親罹患老人癡呆症，連家人是誰已無法辨認。孩子十分孝順，看了很多醫生，想盡辦法想恢復老人家的記憶，所求不多，只求能叫出兒孫名字就心滿意足，但亦不可得。

有一天一位友人拿了一盒麻將經過這位失智父親面前，老人立刻大聲喊出「麻將」！家人喜出望外，因為麻將是老人的

● 老人打麻將帶來歡樂並
　活動腦筋，牆上掛有
　「旨在保健，請勿賭博」
　的警語。

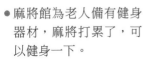

● 曹慶親書的「老人麻將
　館」扁額。

● 麻將館為老人備有健身
　器材，麻將打累了，可
　以健身一下。

最愛，失智的人，對心愛的東西常能出奇的有記憶。

家人乃陪老人家打麻將，但是老人家對麻將已無分辨能力。家人乃一張牌一張牌、重複又重複的協助老人家辨認。最後老人終可辨認所有的麻將牌、並可重新打麻將。

這件事媒體曾加以報導，這時曹慶正在左思右想的希望能找出足以刺激失智或長者的腦細胞，增強記憶的方法，苦不可得。看到這則報導，決定在基金會裡成立麻將館，最初每天只開 4 桌，現在平時有 20 桌，假日有 25 桌。

早上 8 點到下午 4 點半開放，許多老人早上 7 點多就在門外等候。大多各自有牌友，沒有牌友的，工作人員會介紹參加他桌。

玩麻將不亦樂乎

許多老人玩得不亦樂乎，有人天天來，牌友平均年齡在 75 歲以上的約佔 50%，男女各半，年齡最高者達 96 歲。各種身分的人都有，有無名小卒，有官拜中將的，有當過局處長的，也有小公務員退休的，還有小學老師、大學教授。大家有志一同，在麻將裡享受了家人無法給予的快樂。

打麻將對 80-90 歲的老人也是不錯的運動，除了腳以外，手眼都要動，更重要的要動腦筋。麻將館具備有運動器材、按摩椅，牌打累了，可以運動一下。

　　老人家日薄西山，充滿負面情緒，常感日子過得了無意義，重要原因是因為他們看不到希望。但是麻將牌打起來，張張牌充滿希望，抓到好牌欣喜萬分，要胡牌時緊張萬分，要刺激腦神經還有比這個更簡易有效的方法嗎？

應該鼓勵老人打麻將

　　麻將牌對老人家，其實是價廉物美的健康戲遊。老人常感孤單，老伴走了，更是寂寞難耐，即使兒孫滿堂，也未必能有甚麼大幫助，因為這個年代，大家都忙死了，老人常是兒孫負擔，有識者亦不想打擾兒孫，但是這種孤寂在麻將中獲得很大舒緩。牌友相聚有說有笑，邀約牌友也充滿期待，相約而來，相約而去，打牌之外有其他聯繫活動，人際關係大開。

　　我們老祖宗發明了麻將，真是大有智慧，對老年人來說，麻將牌是上帝的恩賜。麻將館裡的老人似乎都很愉快，喜樂都掛在臉上，曹慶以麻將照顧老人，確實是為老人想的一個高招。

　　有位著名的大律師接受媒體訪問時說，母親80幾歲，罹患老人失智症，許多事早已不能溝通。但老人家喜歡打麻將，一聽到要打麻將，眼睛就亮了，精神也來了，好像換了一個人似的。

　　這位老太太麻將技術也毫不含糊，但這位大律師工作太

忙，並未常陪母親玩麻將，及至母親逝世，追悔不已，深深自責當時為甚麼沒有陪母親多打幾場麻將。他奉勸為人子女者，應常想想父母的喜愛在哪裡，順其喜愛，讓父母晚年能多一點愉快，麻將雖只是其中之一，但卻不應忽視。

● 麻將樂，大家參考一下是否有道理。

麻將不等於賭博

神經科醫生：「大腦過了 20 歲的巔峰期，就逐漸衰老。記憶力、專注力及學習能力都慢慢下降。」

麻將可以說是我們的國粹，可是一般人卻歸之為賭具，所以形像不佳，但麻將對年長者來說，卻是效益滿堂，前文已有述說。

要賭博，甚麼都可以賭

麻將可以成為賭博工具，那麼西洋視為高尚的「橋牌」是否就不是賭具？橋牌與麻將實質差異又有多大呢？香港有賽馬，墨西哥有賽狗，泰國人鬥雞，都已成為賭具，這早是公認的事。

現在流行的高爾夫球、網球、籃球、任何有競爭輸贏的項目都可以成為賭博工具。就以世人關注、視為高尚的高爾夫球來說，球技接近者可以賭，球技相差很遠的也可以賭。台灣曾有不少高爾夫球愛好者，為增加情趣，以輸多少桿來賭，一桿多少錢，價碼可大可小，輸一桿 100 元，也可以一桿 1 萬元計。技高者都以讓多少桿為底，計算輸贏。

這種情況就像台灣選舉，可賭誰贏誰輸，也可以贏多少票或輸多少票來賭。

有人站在馬路上賭一分鐘會有多少車輛經過，最接近者勝，這也可以賭。有人以減肥來賭，以考試成績來賭，反正甚麼都可以賭，為何只有麻將才是賭具呢？麻將無罪，拿它來賭才是罪過，其他的也都一樣。

桌上有錢就是賭博

創世基金會辦的麻將館，嚴格規定不能賭錢，在桌上貼有「桌上有錢就是賭博」。發現有賭博行為，立刻禁止他在一定期間內不得進入麻將館。又，凡牌友經常爭吵者，亦以禁止進場為處罰。

麻將館裡處處可見不得有賭博行為的標語，用以提醒牌友。例如「嚴禁賭博，一人拿錢，四人連坐」、「拿錢、點鈔行為、同桌四人停權」、「旨在保健請勿賭博」、「一發現玩錢，立即取消獲服務資格」等，另外還貼有麻將桌上健康法則彩色海報，文句幽默。「自摸」、「自我按摩動手腳」、「放水」，「勿憋尿，以免膀胱抗議」、「暫時休兵」方城之戰也要休息補充體力。

有位老先生高齡96歲，幾乎天天到麻將館，已打了16年，是麻將館最資深的牌友，他每天乘公共汽車往返，真夠厲害。

有位老太太高齡 93 歲，腳力不好，走路很慢，她推著一台有點像嬰兒車的四輪小車子協助行走，不致跌倒，累時也可以在上面坐著休息。她每天步行約 1 小時半來回麻將館，為了安全過馬路，她說一定跟行人一起走，不單獨過馬路，倒是蠻小心的，才來兩個月，現在腳力已好很多。

我對老太太說：「妳這是很好的復健喔。為何不早一點來？」

老太太點頭稱是，並說道：「我原來不知道有這樣的麻將館，是最近才聽別人說的。」

另有位老太太每天搭兒子上班便車來，回去則搭公車。

我說：「妳兒子蠻孝順的嘛！」

老太太說：「我幾個孩子也都很好。」

麻將比賽

麻將館定期辦比賽以提高老人興趣，平常來的人約 80 人，比賽時約有 120 人來參加。最常舉行的比賽有三種：一種是摸牌比賽，將摸到的牌放在預先準備好的位置上，看能摸對多少；第二種是先給你看 20 張牌，然後讓你說出剛才給你看的牌有哪些；第三種是打麻將比賽，每桌產生一位冠軍，各桌冠軍再比，最後選出優勝者發給小獎品。這些參賽老人們都興致高昂，而且這幾種比賽對提高腦神經活力有很大的幫助，醫院

復健科都應該採用。

　　麻將館開始時，警察局曾經來查是否有聚賭行為。查看了幾天未發現賭博，而且知道這是個慈善基金會辦的老人活動，也就不再管了。打麻將不等於賭博，是真的。

　　我有位親戚 90 多歲，得老人失智症多年，終年躺在床上，不能行動，不能言語，但有時會大聲說「碰！碰！」看護嚇了一跳，講給老太太的兒子聽。

　　兒子說：「不用擔心，她在打麻將。我媽媽是麻將迷，而且是高手。」

　　麻將賭錢應該禁止，但用以增加老人活力，則應鼓勵。

　　創世基金會每年為老人及牌友辦春、秋兩次郊遊，必去的是陽明山，春天賞花，秋天則到附近不同的遊樂地方，為考量老人們體力負荷，郊遊包括餐飲、來回遊覽車資一切都是免費，並限制在 6 小時內完成，不會太疲累。創世對老人的照顧，真是用心良多。

嚴禁賭博

近日來，賭博風氣漸長，
為杜絕歪風，
即日起不再道德勸說，
將嚴格執行，
「一人拿錢，四人連坐
經本會員工或義工查獲
在本中心有
「拿錢、點鈔」行為，
同桌四人立即停權。

～切勿以身試法～
老人益智 旨在保健 請勿賭博

注意事
禁止使用
1、塑膠容器
2、橡皮筋
3、紙盒
違者將移出案
以免影響他人
！！！

●嚴禁賭博，查獲同桌四人連坐停權，桌上有錢就算賭博。

●老人及牌友集體到陽明山健行。

新三隻老虎

美國一年花費在聖誕節的消費，超過 4,500 億美元，這是
上帝的榮耀，還是上帝的隱痛？

曹慶信上帝成為基督徒，是抗戰剛勝利時，在南京新街口
附近有間教堂，當時覺得好玩，與許多人一起受洗，記得牧師
是用灑水禮。

曹慶也是神的僕人

後來國共戰爭逃到海南島，在榆林港一間海軍醫院外面，
有人開舞會跳舞，隔壁也有人開佈道會傳福音，曹慶一連聽了
三個晚上佈道會，對福音有了較多認識，那時處境危險又艱
苦，幾乎三餐不繼，心靈空虛，對神的話愈發有感動。

到台灣後有好多年未去教會，直到在台北漢口街兵工署服
預備軍官役時，因距懷寧街浸信會很近，重新開始聚會。

在台中糖廠工作時，則在台中市自由路的浸信會作禮拜。
當時十分熱心教會服事，星期天除作禮拜外，整天都跟著牧師
到監獄和孤兒院，晚上到大雅鄉傳福音。

大家忙的時候，由曹慶一人帶著一群小學生約 30 人，拿

著小旗子，敲鑼打鼓，號召小孩子來上主日學。小朋友手上拿著用紙或布做的小旗子，寫有不同詩歌的歌詞輪流唱，可是小學生多數不會唱，帶動不起來，乃靈機一動改唱「三隻老虎」。

歌詞改為：「三位博士，三位博士，東方來，東方來，黃金，乳香，沒藥，黃金，乳香，沒藥，來敬拜，來敬拜。」三隻老虎小朋友很熟悉，一下子大家都高聲唱了起來。

曹慶曾在校園團契裡擔任過台中畢業生團契主席，對校園福音工作也有相當經驗。多數時間曹慶都在台中自由路浸信會聚會，約有 20 多年，在上山下海的那 4 年裡，則是走到哪裡，聚會到哪裡，有時走進台語禮拜堂，雖聽不懂，仍然規規矩矩的參加敬拜。

岳父母是虔誠的基督徒

曹慶桌上放了一本十分有紀念性的聖經，是結婚時岳父母送他的，聖經上岳父母用〈箴言 8:34〉經文：「聽從我，日日在我門口仰望，在我門框旁邊等候的，那人便為有福。」祝福他。

另外並勉勵曹慶：「勤讀聖經，常常禱告，是事奉生活的基礎。」最後寫：「願與慶兒共勉，爸爸媽媽贈於 1973 年 10 月 13 日。」這本聖經雖已十分破舊，但曹慶仍時時留在身邊，在岳父母都回歸天家之後，這本聖經就更彌足珍貴。

● 曹慶與李秀全牧師是連襟，岳母常以有這兩個女婿為榮，一為地一為天，自喻為雙福岳母。

擅長新編詩歌

曹慶很會改編詩歌，像前面改編的「三隻老虎」，將聖經中東方三博士帶著黃金、乳香、沒藥來朝拜新生王救主耶穌的事，敘述的清清楚楚，簡單明瞭，孩子們易唱易記，真是太好了。

曹慶偶改詩歌以符合當時的需要，例如在 2009 年 8 月 8 日莫拉克颱風重創台灣南部，帶領同仁前往救災，在被土石流淹沒的小林村旁，曹慶將詩歌「耶穌愛我」改成「萬家燈火萬人點」，鼓勵大家努力幫助救災。

萬家燈火萬人點

（曹慶改編文字）

| 5 3 3 2 | 3 5 5 - | 6 6 1 6 | 6 5 5 - |

萬家燈火　萬人點　為何獨缺　你不點

救人樂在　心窩裡　為何獨缺　你不理

| 5 3 3 2 | 3 5 5 - | 6 6 5 1 | 3 2 1 - |

燈火點在　高山巔　燈火點在　大海邊

救人火急　深山裡　救人火急　坭海地

| 5 - 3 5 | 6 1 - - | 5 - 3 1 | 3 2 - - |

燈　點在　心田　　燈　點在　心田

救　真心　誠意　　救　真心　誠意

| 5 - 3 5 | 6 1 - 6 6 | 5 1 3 2 | 1 - - - |

燈　點在　心田 萬家　燈火萬人　點

救　真心　誠意 救人　樂在心窩　裡

〔2009.8.8 莫拉克台灣南部水災時寫〕

上帝讓我無後顧之憂

1789 年華盛頓宣誓就任美國第一任總統，在誓詞後面加了一句：「因此，上帝請幫助我。」以後成為傳統。

感謝上帝恩典

曹慶一直很感恩上帝派了天使照顧他的家庭，使他沒有後顧之憂，可以全力為照顧植物人而努力。

曹慶當年考上高考，又因高考進入台糖公司，那時台糖薪水是一般公務員的三倍還多，是人人努力爭取的職場，當然因此找對象也比較容易。

曹夫人是望族人家的女兒，十分賢慧，更重要的是曹慶有一位能幹且富有的岳母，全心全意照顧他的妻子及兩個女兒，現在大女兒台大畢業，結婚成家，育有一子一女，小女兒正讀博士學位。

曹慶從台糖退休後，有四年時間上山下海，每天在外面，在家時間少之又少，一直到現在也只有星期天晚上回家兩小時與妻兒見面，其他時間都奉獻給了植物人及其他貧苦之人。但只要家庭有需要，他都會在場，從不虧欠妻兒。

曹慶說，如果沒有上帝的細心安排，使他沒有照顧妻兒

的後顧之憂，他絕對沒有辦法做出現在這樣規模的愛心慈善工作，如果一定要做，恐怕也會背上拋妻棄兒的罪名，成為一個沒有愛心的丈夫、沒有責任心的父親。所以曹慶常說沒錢、沒人、沒能力都沒關係，只要有上帝同在就沒有問題。

女兒的榮耀

女兒在念高中時，新到的級任導師翻到她的家庭資料，在課堂上問她：「妳父親曹慶與那位照顧植物人的曹慶是同一人嗎？」老師表示極為欽佩，並幽默的說：「請妳父親趕快辦老人院，我將退休，要去住。」

女兒念國中時，有位國文老師花了一堂課的時間，向學生解說曹慶的事蹟，表示這是她最尊敬的人，同學們都應以他為榜樣。班上同學的目光都投向他女兒，但講課的老師並不知曹慶的女兒就在班上。

這兩件事影響了女兒對父親的觀感，知道自己的父親在人們心中是位偉大的人物，話傳回家裡，也改變了家人原先的看法。

雙福岳母

曹慶岳母是虔誠基督徒，她有兩個女兒，大女兒嫁給李秀全牧師，夫妻倆在讀台大時，就是校園團契裡的活躍人物，李

● 左起曹慶的岳父母，曹
慶及夫人，前面兩個女
兒。曹慶岳母極為能
幹，並在教會講道，夫
人賢淑，家務在岳母及
妻子的照顧下，使曹慶
能無後顧之憂。

● 小女兒一歲，大女兒四
歲時的全家福。

● 曹慶與夫人在公園散
步，這是很難得的場
景，因為曹慶一天到晚
都在忙他的慈善事業。

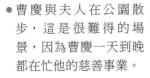

秀全牧師是神重用的僕人，早年即享有知名度。小女兒嫁給曹慶，創辦植物人安養基金會成功後，也備受社會尊敬。

曹慶岳母經常很驕傲的對人說：「我的兩個女婿，一屬天，專門傳天國福音；一屬地，專做社會福利，我是雙福岳母。」

沒人看好瘋子會成功

曹慶從事照顧植物人的慈善工作，幾乎沒有一個人看好他會成功。他的岳父母、妻子、女兒都是虔誠的基督徒，都認為他的理想是極有愛心的，但也都認為此事非曹慶能力所及。

為了成就照顧植物人的工作，曹慶曾去拜訪在社會上有好名聲的人，希望他們能公開表示支持他的構想，但這些人都說：「一個人的社會聲譽建立不易，需要很長的時間，但毀之只要一、兩件事，因此必須小心愛護。」換言之，都不願為曹慶這種腳不踏地的偉大理想背書。

其實這也是人之常情，我也曾有過這樣的經驗，有人向我述說他的偉大抱負，愈說愈起勁，但是他的抱負怎麼看都不像是個可行的方案。用好高騖遠、不知天高地厚形容他們算是客氣，否則真要說他們是瘋子。一個略有社會聲望或知名度的人，當然不會輕易為人背書的。

曹慶之可貴，之所以為人欽佩，倒不是完全因為他所進行的植物人安養等慈善工作這麼有成績，主要在於他完全信靠

上帝的帶領，在一無所有並受到無數人奚落的情況下，奮鬥了幾十年，終至有成，使眾多植物人家庭脫離惶惶不可終日的苦海。他這種一心仰望神的精神是我們所有人學習的榜樣。

最有智慧的接班計劃

大企業家請老師勸他的三個孩子，因為他們都不願意來繼承父業，「我那麼多的產業，豈不將肥水落外人田嗎？」

全世界舉凡政府、公司、團體，接班不發生問題的少之又少。政權交接能像歐美等民主發達國家，透過選舉交班的並不是多數。有些政權交接，小則紛擾不斷，大則發生戰爭。

誰來接班無比重要

就以台灣來說，當年先總統蔣公辭世時，大家十分憂心，不知強人去世後，台灣政局會如何？好在蔣公早已培養其子蔣經國先生為接班人，政權交接順利。及至經國先生離開時，大家又是一陣緊張，當時也確曾出現少許緊張局面。

這幾年台灣透過民選總統，政權交接十分順利，成為開發中國家的民主典範，得來不易。

民間公司，老一代去世後，通常交班給孩子，有爭氣的，也有不成材的，公司經營一年不如一年，最後終於走進歷史。

曹慶創辦的創世植物人基金會，在全省各地目前（2012年）共有16所植物人安養院，在院內、院外照顧的植物人歷

● 成立已有幾百年歷史的耶
穌會，是可靠、有經驗、
有愛心的慈善機構，由他
們來接班，創世基金會工
作更加光大，曹慶可以放
心了。圖為設在台北市的
耶穌會。

● 耶穌會創辦人聖依納爵。

年達 4,813 人。另創辦有華山及人安基金會，前者照顧失智、失依、失能老人；後者照顧街友及單親媽媽。三個基金會資產超過新台幣 41 億元，每年收入約 10 億元，員工 679 人，義工有 8,000 人，規模已相當龐大。

曹慶走了誰來繼續大愛工作？

這樣龐大的民間慈善組織，創辦人離世後誰來接班呢？曹慶現年 80 多歲，健康狀況已亮紅燈，近年曾三次到醫院急救，有次心臟曾停止跳動幾分鐘，找接班人已甚迫切。

公益慈善機構，尤其公眾化的慈善單位，找接班人十分不易，家族性的財團法人多數在家族裡找人。但是像創世這種是由幾十萬捐款人所支持的基金會，想找到理想的接班人確保創辦初衷，真是太不容易。接班人必需要能幹、有領導力、有使命感、有大愛，品德操守一流，請問這樣的人到哪裡找？

年初，我一見到曹慶，第一句話就跟他談這個問題，這應該是創世基金會當前最重要的事。因為我自己創辦的幾個財團法人也有這樣的問題，雖然我比曹慶小幾歲，但也已 74 高齡，腦子裡常常盤旋著接班人的事。

當我向曹慶提出這個問題，原以為問題很棘手，但沒想到曹董事長給我的答案卻超乎我想像的滿意，我說這件事我給你打 100 分。

高明的接班規劃

他打算將創世基金會交給天主教耶穌會，已獲得該會同意。目前創世有 9 位董事，讓出 5 個名額給耶穌會指定的人擔任，並由耶穌會的人擔任副董事長。將來有一天，董事長及 9 名董事，可以全由耶穌會選定的人擔任。

這種轉接，高明又簡單，曹慶為何能這樣瀟灑的做，因為他心中無私。基金會是大家的，在世時，自己辛苦經營；離世後，也要確保基金會能繼續壯大，服務更多苦難的人，人的生命短暫，但大愛不死。

為甚麼說交給天主教耶穌會接班有這麼好呢？因為耶穌會有悠久歷史，信譽卓著，是蒙神喜悅的組織。天主教耶穌會成立於 1540 年，有 480 年歷史，在 112 個國家有機構。

耶穌會對其成員有極嚴格的要求，特別注意成員的教育訓練，培訓有時長達 15 年之久，所以耶穌會人才濟濟，大家熟知精通天文、數學及中國經典的利瑪竇，以及為清朝政府重用的湯若望、南懷仁及義大利畫家郎世寧等，都是耶穌會的傳教士。1960 年耶穌會並在台促成輔仁大學復校。

為窮苦大眾服務是耶穌會世代相傳的任務，他們的使命是哪裡有需要，就往哪裡去。因此曹慶將創世基金會交給天主教耶穌會，是非常有智慧、有遠見，全無私心的安排。

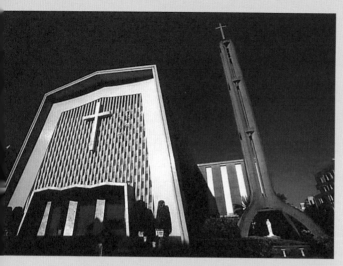

●位於台北市新生南路的聖家堂，是耶穌會創辦的。

●耶穌會的使命圖。

創世的四大願景

諾貝爾和平獎得主德蕾莎修女：「今天有人在受苦、淪落街頭、挨餓，我們的愛就在今天送出去，因為昨天已過去，明天還未到來。希望有更多人投入（殘、老、窮、胎兒）。」

曹慶胸前掛的名牌，是社福一家，是日落之前，勤耕社福。雖已年近九旬，但一談到創世未來的願景，頓然神采煥發，眉頭高舉，眼神充滿了希望，因已安排好可靠且可永續經營的接棒者。雖然這些願景，曹慶不一定都能在世親眼看得見，但是一個單位的創始人，必須對單位未來發展方向及理想有清楚的描繪。

有願景才有未來

照顧植物人的工作，是創世最為社會肯定的項目，現在專收政府列案低收入及中低收入戶的植物人；將來有力量時，可以擴及未合政府規定而又求助無門的困苦植物人，他們也一樣會陷入貧困、痛苦的深淵，需要解脫。

在社區照顧構想下，創世 26 年前設想全台 23 個縣市各設一所植物人安養院，並對於人口密集的城市，再增設之。除提

供更多床位容納植物人，並可使家屬能就近探訪，親情不致疏離而間斷。

人權始於受孕

其次在媒體上經常可以看到馬桶嬰兒，未成年少女懷孕生子，無知又恐懼，廁所產子棄置馬桶，也有棄置野外的。台灣每年墮胎人數約 30 萬人，這些生命也是上帝的恩賜，都應該像我們一樣有活下去的權利，人權始於受孕。

衛生署委託「青少年生育保健親善門診」統計，2011 年尋求醫療諮詢的青少年近 2,000 人，其中 20% 是意外懷孕，有400 位，且有增加趨勢。

曹慶為了保護這些小生命，提出台灣「拯救胎兒」計劃，希望將來每年自 30 萬墮胎中，可以勸阻救出 1 萬個胎兒，但這也許要經十幾年努力才能達成。

方法是凡懷孕有困難的人，創世將伸出援手，母體產前產後照顧，嬰兒扶養，待嬰兒約 1 歲時，母親自養或同意，則移轉給育幼院接手。現在台灣育幼院很多，有能力接手後續任務。墮胎減少，非但能夠不虧上帝的恩賜，且對台灣少子化問題的解決、增加人口亦有助益。

鄉鄉鎮鎮都有愛心天使站

台灣已進入老人國，2011 年老人佔總人口 10.7%，創世與友會華山基金會在 14 年前推出在全台 369 個鄉鎮區設社區愛心天使站，2011 年已達 280 站。愛心天使站主要任務在照顧該地區的三失老人（失智、失依、失能），目前由於人力及經費有限，服務的項目及深度還有很大努力空間。將來希望各愛心天使站，對該地區上述的老人能提供像 119 一樣便利的服務，凡打電話到愛心天使站的老人，天使站立刻提供必要的服務或聯繫其他慈善機構給與協助。

當這個日子有天來臨時，台灣三失老人雖不敢說都能幸福快樂，但至少求助有門，不致孤獨的面對困難，不致屍臭才被發現。

街友（遊民）是工商業發達國家的副產品，越發達越多，台灣自不例外。創世會與人安基金會 20 多年前，計劃在全台 20 個大都市設街友平安站，2011 年已達 17 站。另外，五年前推出「給魚給竿，拉人一把」計劃，救助清寒單親媽媽及其幼兒，旨在防饑、防寒、防病，給予維持生命存在的基本要件。

曹慶說：「今天台灣富有了，不要只顧外銷賺全世界的錢，我們也應該去幫助世界上其他國家貧困的人民。台灣現今雖有少部分慈善機構，其服務已走出台灣，但仍十分有限，有大愛

● 曹慶覺得，台灣現今雖
有少部分慈善機構，其
服務已走出台灣，但仍
十分有限，有大愛的台
灣人民，應該伸出更多
更大的援手。

● 曹慶覺得，今天台灣富
有了，不要只顧外銷賺
全世界的錢，也應該去
幫助世界上其他國家貧
困的人民。

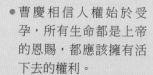

● 曹慶相信人權始於受
孕，所有生命都是上帝
的恩賜，都應該擁有活
下去的權利。

社會新聞 **A8** 中國時報

桶上產女 塑膠袋打包要小命

婚女稱家人不知她懷孕 和父親、二伯父把嬰裝袋拎到醫院 打開已沒氣息 全案疑點重重

誆慢14歲女 逼扮檳榔西施

非常手段 淌血汗錢

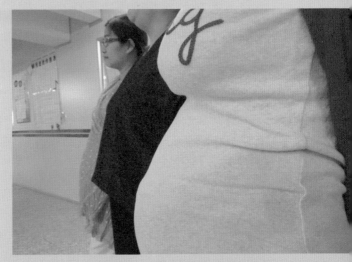

● 孩子不管出生與否，家庭如何窮困，孩子都
是上帝的恩賜，每個人都有責任給予溫暖及
照顧。

的台灣人民，應該伸出更多更大的援手。」

創世慈善國際化

所以創世未來的慈善工作，嚮往國際化，走出台灣走向世界，這是曹慶更重要的夢境願景。創世在照顧植物人、三失老人、街友、單媽、胎兒等慈善工作已累積若干經驗後，將來必定在其他國家建立或協助當地愛心人士建立類似的愛心服務網，屆時上帝的慈愛將臨萬邦。

有人問曹慶：「膽子怎麼這樣天大？」

他回答：「上帝的事，上帝自然負全責，何懼之有？」

曹慶服務弱勢的成績實在十分傳奇，令人欽佩，相信他的願景在上帝祝福下，必有成功之日。我們希望他能夠長命百歲，百年之後，希望能有更大愛心及能力的人來完成如此大願。

屆時殘到底的植物人、老到底的三失老人、窮到底的街友及清寒單媽、慘到底將被墮胎的胎兒，都有福了，因為上帝揀選了瘋子，推行了祂的奇異救恩。

曹慶小女兒的見證

打從我呱呱落地，媽媽就帶著我和姊姊住在外公外婆家。外公外婆都是虔誠的基督徒，每天早晚，我都會看到外婆跪在書桌前禱告；每個週末，都有教會的弟兄姊妹到家中來聚會。讀聖經、禱告、做一個認真的基督徒，對我們家來說是天底下最重要的事。

在這樣一個三代同堂、信仰虔誠的家中長大，我從不知道「爸爸」這個詞代表什麼，也沒想過所謂的「正常家庭」應該是什麼樣子。直到小學高年級，同學們慢慢察覺我「跟他們不太一樣」，週日要去教會、爸爸從來沒出現過，且全班只有我沒有參加導師辦的補習班；再加上我個子小、膽子小，於是我自然成為他們霸凌的對象。記得小學五年級時，全班沒有人願意跟我講話，一旦要玩遊戲或打躲避球，我便成為箭靶，老師則冷眼旁觀所有的嘲弄、羞辱、暴力行為，甚至也加入同學們的陣營孤立我；我感到這世上沒有容身之處。

有一天，我在放學回家路上特地繞遠路，走到一個車行地下道上方，想要往下跳；掙扎許久，最終還是因為沒膽子「把事情鬧大」而作罷。我心中不斷分析自己為什麼會走到這般境

地，我做錯了什麼？難道基督徒真的該被這世界所厭惡？我以一個小學生的知識和能力，左思右想，終於恍然大悟，喔！因為我沒有爸爸，我認為這是所有問題的癥結。

我的小學生活就在被孤立、被欺負的憂鬱情緒中結束。雖然長輩都不知道我在學校的狀況，但正好我爸爸在我升國中之前「出現」了，我得以就讀遠處的私立中學，爸爸負擔所有的學雜費，我也因此得以完全脫離被霸凌的環境。

然而，升上國中後，我深怕舊事重演，於是在同學之間絕口不提家裡的情況，也鮮少邀請同學到家中作客。我成功交到一幫好友，且在學業上日益精進，最後考上知名的女校，更快樂地度過三年無憂無慮的高中生活。但誰都不知道，我心底最敏感的禁地都圍繞著我的父親，我厭惡自己長得像他，更痛恨自己怎麼會是他的女兒，我認為自己這輩子最大的問題都出於他！

一上大學，我就意識到自己是個大人了，該為自己的人生負責；我開始認真的讀書、認真的面對信仰。大二上學期開學不久，某天天氣很熱，我在宿舍睡覺，夢到爸爸站在天堂門口，我卻在一旁指著他的鼻子罵他，義正詞嚴地說：「你會下地獄！你在世上所做的一切，在神面前都是空的！」

我突然驚醒，訝異於自己心中居然有那麼深的恨意，坐在地上思考良久，心想，就算我的父親多麼嚴重地在我成長過程

中缺席，我怎麼會咒詛他下地獄呢？我難道真的不希望在天堂上看到他？

這個夢境縈繞在我心中，久久不能忘卻。不久之後，校園團契聚會時，那天原本安排好的講員突然缺席，由在場的另一位老師臨陣上場。沒想到，這位老師分享了他信耶穌的過程，以及耶穌基督的救恩如何幫助他饒恕他的父母親、與家人恢復和諧美好的關係，而且關係的恢復乃是基督釋放了他，讓他得到自由。

他的每一句話我聽來都扎心，我當場淚流滿面，渴望經歷跟這位老師一樣的恩典。隔天讀聖經時，居然讀到耶穌說：「你們若不饒恕人，你們在天上的父也不饒恕你們的過犯。」（馬可福音 11:26），我立刻明白，這一兩個禮拜內發生一連串的事件，是上帝要我正視對父親的恨意，並且饒恕他。

我原本以為，當天經過禱告，在上帝面前放下恨意，並且以後友善地跟父親相處，就叫作「饒恕」了。沒想到，在家中面對父親時，那股恨惡的力量深深抓住我，我沒有辦法對從小發生在我身上的事情釋懷，我不得不承認，我沒有力量去愛一個曾經傷害了我的人。

回到宿舍，我又讀到路加福音六章 37 節，耶穌說：「你們要饒恕人，就必蒙饒恕。」且下面有小字註明「饒恕：原文是釋放。」從那天起，約莫一年的時間，我每天晚上跪在床前，

或默默禱告，或流淚哭求，懇求天父上帝幫助我，讓我有能力饒恕父親、讓我可以愛他、讓我的心靈走出恨意的禁錮。

在這一年中，漸漸地，我開始想辦法聆聽爸爸在說什麼、觀察他喜歡什麼樣的話題，揣摩如何在跟他相處時，創造一股舒適的氛圍。

我開始走進爸爸的心，認識他、瞭解他的個性，體會他服務社會的用心，我甚至開始感受到他對我的愛。大二升大三暑假，我考到了汽車駕照，爸爸為了讓我練習開車，每個禮拜天晚上讓我把車子開到學校，他再獨自開回來，這樣有幾個月之久。凡此種種，不勝枚舉。

除了生活中的點點滴滴，我也相信愛是會感染的。長久以來，我爸爸跟我外公外婆的關係非常冷淡，爸爸來到家中只是探看姊姊和我，並不跟外公外婆打招呼，他們彼此之間鮮少互動，我也不去觸碰他們的問題。

然而，當外婆走到人生最後的階段，爸爸居然願意在各樣照顧上提供協助，甚至在每週見面時，親自一口口將食物送進外婆口中。當我看到這一幕，我知道這是個奇蹟，不是人靠著自己的意志所能做到的，唯有上帝讓我們放下根深蒂固的心結。

這些年來，雖然我和爸爸相處的時間不多，我們之間仍然有層層的溝通障礙，但我知道上帝已經聽了我的禱告，祂在我

的家中施行奇妙的拯救和醫治，使原本冰冷的關係融化，讓愛在其中流動。

　　到了這個階段，我為父親禱告不再為難，也不再惦記著兒時的痛苦回憶，我相信過去所經歷的一切都出於上帝美好的計劃，為了要彰顯祂的大能與慈愛，而我也不得不訴說這段看似平凡，卻奇妙無比的故事。

曹琦 2012.10.13

〔王建煊 作品集〕

天下遠見文化出版：

點亮生命
定價 300 元

耶穌基督來到世上，是要點亮眾人的生命。本書用生活上的例子來告訴大家，與神同行，生命便能發光發熱，也能擁有永生的盼望。

牽手走一生
定價 300 元

作者運用許多真實的婚姻小故事，從擇偶當慎之於始說起，到許下執子之手的承諾，再談及夫妻相處之道及婚姻之忌，讓讀者天天享有平安喜樂。

幫助孩子邁向成功
定價 300 元

每個孩子都是上帝的恩賜，都大有用處。父母和師長要有耐性及智慧，觀察出孩子的天賦與才華，加以引導，使他們成為棟樑之材。

在愛中的喜樂
定價 300 元

人生在世，每個時刻，每一個小地方，都能替別人設想，時時感受別人的需要，只要做得到的，都盡量去滿足人家，在獻上愛心的同時，彼此都能感受到諸多喜樂。

公平正義何處尋？
定價 300 元

這世上，公義多，還是不公不義多？
有人只憑一小塊土地，就能躺著賺大錢；有人辛苦一輩子，還不足以溫飽，有人吃太多營養過剩，有人卻餓到皮包骨；官員中飽私囊，百姓含淚養家。大地有黑暗陰影，但光明還是比較強烈的，邪不勝正，公義必得伸張。重點是：每個人心中都要有一把開啟公平正義之門的鑰匙才行。

格林文化出版：

走光明的路
定價 250 元

這是一本以聖經故事為基礎，用很淺的文字，說明許多人生有用的觀念。本書由國內著名的兒童讀物出版社格林文化事業出版，圖文並茂，出版後甚受歡迎。這本書適合小學四年級及國中學生閱讀，也有很多老師或家長用此書為孩子講故事。其他年級學生，甚至成年人亦讀之有益。

有愛走遍天下

歡迎，歡迎，熱烈歡迎！
歡迎來認識我們

我們的正式名稱是
財團法人台北市無子西瓜社會福利基金會
不過大家喜歡稱我們

無子西瓜

(02)2841-4080

官網：www.nokids.org.tw
電郵：mail@nokids.org.tw
臉書：facebook搜尋：無子西瓜
地址：台北市士林區中社路1段43巷6號4樓

無子西瓜基金會由王建煊夫婦捐款成立，主要服務對象為：
(1)無子女的長者(2)有子女而子女無法奉養的長者。
主要功能有三：
(1)無子西瓜身體健康時，一起獻愛心來幫助貧困弱勢的人。例如：認
　養貧困孩子、捐營養午餐、發獎助學金...等公益活動。
(2)無子西瓜年老體衰時，由基金會來照顧他們，生病住院開刀及往生
　安葬後事等，均可由基金會提供免費服務。
(3)平日亦可舉辦自娛活動，例如：國內外旅遊、合唱團、登山社、舞
　蹈社、外語教學及歌曲教唱等，使無子西瓜在平時就可以建立感情
　年長時更易相處，相互做伴、相互幫助。

照顧老人就是照顧自己的未來。愛就是在別人的需要上看到自己的責任！

創世基金會

　　1986 年，基於政府和民間都尚未做的社會福利工作──照顧植物人，創辦人曹慶先生憑著一股毅力，跑遍全台各地，以沿門托缽的方式，集合善心人士的力量，克服萬難成立國內唯一專門照顧清寒植物人的安養院，就此展開服務；1994 年，改制為全國性基金會，以鄉親救鄉親，及社福社區化理念，先後於台北、台中、新竹、台南、板橋、嘉義、桃園、苗栗、鳳山、新店、基隆、屏東、文山、草屯、羅東、斗六等地，設立 16 所清寒植物人安養院。

網址：www.genesis.org.tw
地址：台北市北平東路 28 號 4 樓（台北總會第一辦公室）
　　　台北市士林區中正路 420 號 10 樓（台北總會第二辦公室）
電話：02-23967777（台北總會第一辦公室）
　　　02-28357700（台北總會第二辦公室）
傳真：02-23754633（台北總會第一辦公室）
　　　02-28358855（台北總會第二辦公室）
劃撥：帳號 12238589
戶名：創世基金會

華山基金會

　　1999 年，創辦人曹慶先生成立「華山基金會」，以失能、失智、失依長輩為服務對象。台灣已步入高齡化社會，老年人的照護問題儼然已成為政府及社會必須面對和關心的課題。華山基金會自 2000 年開始，在各地設立「社區愛心天使站」深入各地區落實老人到宅服務，照顧長輩日常生活需要，期許在 2013 年全台完成 369 個鄉鎮設立愛心天使站，照顧當地的老人，並提供關懷訪視、家務服務、陪同就醫、協助沐浴、文康、物資協助、安置轉介等服務。

網址：www.elder.org.tw
地址：台北市士林區中正路 420 號 10 樓（華山總會）
電話：02-28363919
傳真：02-28347255
劃撥：帳號 19419426
戶名：華山基金會

人安基金會

　　1990 年，創世基金會創辦人曹慶先生，發動義工於除夕送愛心年夜飯給流落街頭的朋友；1991 年，推動每週二次的「街友三溫暖」，供應牛奶麵包、熱水洗澡、冬衣禦寒；2002 年 5 月 31 日，正式成立人安基金會，開始展開全台街友服務，目前共設有萬華、三重、基隆、桃園、中壢、新竹、苗栗、台中、彰化、嘉義、台南、高雄、鳳山、屏東、羅東、花蓮等 16 個服務據點，預計將於全台設 20 個服務據點，全面照顧窮苦人。

網址：www.homeless.org.tw
地址：台北市士林區中正路 420 號 10 樓
電話：02-28361600
傳真：02-28361811
劃撥：帳號 19695227
戶名：人安基金會

星沙基金會

　　成立宗旨包括：1. 面對台灣少子化的嚴重問題，提倡貞潔教育，拒絕色情文化毒害，建立美滿家庭生活，救助胎兒生命，讓國家恢復正常人口數；2. 推動「貞潔教育 等待到結婚」理念；3. 救助胎兒、尊重生命、避免墮胎。

地址：新北市新莊區中正路 514 巷 103 號
Mail：fj00032@mail.fju.edu.tw
電話：02-29017270 分機 158
傳真：02-29032133
劃撥：帳號 50198423
戶名：財團法人星沙社會福利基金會

　　創世服務經費除少部份由政府補助外，九成均來自社會大眾的不定期小額捐款，每筆捐款均開立正式收據並專款專用。回顧過去，展望未來，創世基金會期許能結合華山、人安基金會，進行「369、23、20」計劃：在 369 個鄉鎮市設立老人愛心天使站；在 23 個縣市（含離島）開辦植物人安養院；沿火車軌道於重要站點成立 20 個平安站。

　　社會服務工作需要您熱心加入與鼓勵，懇請大家一起來支持「369、23、20」這項大計劃。

生命講堂

瘋子成就了驚人之愛：創世基金會創辦人的故事

2013年1月初版　　　　　　　　　　　　　　　　定價：新臺幣340元
2013年2月初版第二刷

著　　者	王　建	煊
發 行 人	林　載	爵

出　版　者	聯經出版事業股份有限公司	叢書主編	林　芳	瑜
地　　　址	台北市基隆路一段180號4樓	特約編輯	黃　素	玉
編輯部地址	台北市基隆路一段180號4樓	整體設計	劉　亭	麟
叢書主編電話	(02)87876242轉221			
台北聯經書房	台北市新生南路三段94號			
電話	(02)23620308			
台中分公司	台中市北區健行路321號1樓			
暨門市電話	(04)22371234 ext.5			
郵政劃撥帳戶	第0100559-3號			
郵撥電話	(02)23620308			
印　刷　者	文聯彩色製版印刷有限公司			
總　經　銷	聯合發行股份有限公司			
發　行　所	新北市新店區寶橋路235巷6弄6號2F			
電話	(02)29178022			

行政院新聞局出版事業登記證局版臺業字第0130號

國家圖書館出版品預行編目資料

瘋子成就了驚人之愛：創世基金會創辦人
的故事/王建煊著 . 初版 . 臺北市 . 聯經 . 2013年1月
（民102年）. 280面 . 14.8×21公分（生命講堂）
ISBN　978-957-08-4129-9（平裝）
［2013年2月初版第二刷］

1.曹慶　2.公益事業　3.台灣傳記

783.3886　　　　　　　　　　　　　　　102000226